Unbemannte Flugsysteme in der medizinischen Versorgung

Mina Baumgarten · Klaus Hahnenkamp
Steffen Fleßa
Hrsg.

Unbemannte Flugsysteme in der medizinischen Versorgung

Strategien zur Überwindung von Innovationsbarrieren

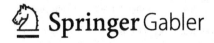 Springer Gabler

Hrsg.
Mina Baumgarten
Klinik für Anästhesie, Intensiv-, Notfall- und
Schmerzmedizin
Universitätsmedizin Greifswald
Greifswald, Deutschland

Klaus Hahnenkamp
Klinik für Anästhesie, Intensiv-, Notfall- und
Schmerzmedizin
Universitätsmedizin Greifswald
Greifswald, Deutschland

Steffen Fleßa
LS Allg BWL u Gesundheitsmanagement,
Universität Greifswald
Greifswald, Deutschland

ISBN 978-3-658-35371-1   ISBN 978-3-658-35372-8 (eBook)
https://doi.org/10.1007/978-3-658-35372-8

Die Deutsche Nationalbibliothek verzeichnet diese Publikation in der Deutschen Nationalbibliografie; detaillierte bibliografische Daten sind im Internet über http://dnb.d-nb.de abrufbar.

Springer Gabler
© Der/die Herausgeber bzw. der/die Autor(en), exklusiv lizenziert an Springer Fachmedien Wiesbaden GmbH, ein Teil von Springer Nature 2022
Gefördert durch: Bundesministerium für Gesundheit Ministerium für Verkehr, Infrastruktur und Digitalisierung, Mecklenburg-Vorpommern.

Lektorat/Planung: Margit Schlomski
Springer Gabler ist ein Imprint der eingetragenen Gesellschaft Springer Fachmedien Wiesbaden GmbH und ist ein Teil von Springer Nature.
Die Anschrift der Gesellschaft ist: Abraham-Lincoln-Str. 46, 65189 Wiesbaden, Germany

Grußwort

Alle Menschen haben einen Anspruch auf ärztliche Betreuung, auf medizinische Fürsorge, auf Pflege – und dies unabhängig davon, wo sie wohnen. Dies zu ermöglichen ist Gegenwarts- und Zukunftsprojekt zugleich.

Durch den demografischen Wandel verändern sich die Anforderungen an die Gesundheitsversorgung, zum Teil entstehen dadurch auch Ungleichheiten zwischen den urbanen und den ländlichen Räumen.

Das Bundesgesundheitsministerium begrüßt es deshalb, dass sich die beteiligten Autorinnen und Autoren aus verschiedenen Forschungsprojekten zentral mit der Verbesserung der medizinischen Versorgung beschäftigen und im Positionspapier gemeinsam konkrete Handlungsempfehlungen und Lösungsvorschläge formuliert haben.

Der Einsatz unbemannter Flugsysteme (UAS) in der medizinischen Versorgung ist ein junges und dynamisches Forschungsfeld mit erheblichem Potenzial, um Herausforderungen im deutschen Gesundheitssystem mit vielversprechenden Lösungen begegnen zu können.

So scheint es in dünn besiedelten Gebieten möglich, durch den Einsatz von UAS beispielsweise die Notfallversorgung nicht nur zu entlasten, sondern spürbar zu verbessern, während in urbanen Regionen mit häufig stark beanspruchten Verkehrswegen am Boden die medizinische Versorgung durch den Einsatz von UAS effizienter gestaltet und verbessert werden könnte.

Diese und viele weitere Anwendungsmöglichkeiten (z. B. Transport von Laborproben, Unterstützung von Rettungskräften am Einsatzort) unbemannter Flugsysteme bieten Chancen, die es mit hoher Sensibilität für alle mittelbar und unmittelbar Beteiligten und Betroffenen zu bewältigen gilt. Die Autorinnen und Autoren haben sich dem Thema UAS interdisziplinär aus einer Vielzahl von Perspektiven genähert, haben Vor- und Nachteile betrachtet und sich auch damit auseinandergesetzt, wie Innovationen dieser Art und Größe in einen nachhaltigen und dauerhaft tragfähigen Betrieb überführt werden können.

Dabei geht es z. B. um die Gestaltung künftiger Versorgungssysteme und die rechtlichen Rahmenbedingungen, um technologische Erfordernisse und Betriebskonzepte. Damit leistet diese Publikation einen grundlegenden Beitrag zur weiteren Erforschung von innovativen Versorgungskonzepten mit UAS.

Ein Hauptaugenmerk sollte immer darauf liegen, die Bürgerinnen und Bürger frühzeitig und umfassend einzubinden, ihnen die Vorteile der Nutzung von UAS zu erläutern und ihre Fragen und Sorgen in der Umsetzung ernst zu nehmen.

Allen Beteiligten – Expertinnen und Experten aus zahlreichen wissenschaftlichen Institutionen und Organisationen in Deutschland – möchten wir für die Arbeit an diesem interdisziplinären Positionspapier danken.

Dr. Antje Draheim
Staatssekretärin im Bundesministerium für Gesundheit

Zusammenfassung

Durch seine Bedeutung für die öffentliche Daseinsvorsorge erfährt das medizinische Nutzungsszenario von UAS (unmanned aerial systems) eine besondere Legitimation. Jedoch ist der standardisierte und flächendeckende Einsatz von medizinischen UAS in Deutschland bisher aufgrund verschiedener Innovationsbarrieren nicht möglich. Bislang findet ihre Erprobung überwiegend im Rahmen von Simulationen und Forschungsprojekten statt. Die Zusammenarbeit von 28 Autoren verschiedener Fachrichtungen im Zeitraum von Juli bis November 2020 ermöglichte es, bisherige Erfahrungen und Erkenntnisse deutschlandweiter Projekte festzuhalten.

Ziel dieses Positionspapiers ist es, den Status quo der Anwendung innovativer UAS-gestützter Medizinlogistik zu erheben und davon ausgehend eine effiziente Aussteuerung des weiteren Prozesses zu ermöglichen. Innovationsbarrieren, die dem standardisierten Einsatz von UAS in der medizinischen Versorgung entgegenstehen, werden identifiziert und Möglichkeiten zu ihrer Überwindung aufgezeigt. Um eine künftige Standardisierung medizinischer UAS zu begünstigen, spricht dieses Positionspapier Adressaten an, die an einer künftigen UAS-gestützten Regelversorgung beteiligt sein können. Dazu zählen medizinische Anwender, Organisationen der öffentlichen Daseinsvorsorge, Akteurinnen und Akteure mit Richtlinienkompetenz sowie Institutionen, die innovative und bestehende Technik entwickeln.

Potenzial

Angesichts aktueller gesundheitspolitischer Herausforderungen wie etwa dem geo-demografischen Wandel und der epidemiologischen Transition mit Zunahme chronischer Krankheiten wird die Notwendigkeit von Innovationen wie UAS immer bedeutender. Optionen zur Verbesserung der medizinischen Versorgung durch UAS ergeben sich für alle Sektoren des deutschen Gesundheitssystems wie auch für die angrenzenden Organisationsstrukturen der öffentlichen Daseinsvorsorge.

Szenarien mit erheblichem Nutzenversprechen sind

- Transporte von Laborproben und Blutprodukten,
- multifunktionale UAS zum Krisenmanagement, an der Schnittstelle zu Einsatzkräften,
- Zustellung von medizintechnischem Gerät, etwa automatischen externen Defibrillatoren (AEDs), zur Unterstützung der Notfallversorgung.

Herausforderungen

Innovationsbarrieren, die der Adoption von UAS zur Verbesserung medizinlogistischer Lösungen entgegenstehen, werden in diesem Positionspapier in vier Clustern strukturiert.

I. Der wesentliche Bestimmungsfaktor in diesem Innovationsprozess ist das aktuelle und zukünftige System der Gesundheitsversorgung. An dessen bestehenden Strukturen setzt die Innovation an, um bestehende Lösungen zu verbessern und damit zu erweitern oder zu verdrängen.

II. Die Umsetzung medizinischer Ansprüche erfolgt innerhalb bestehender rechtlicher Rahmenbedingungen. Hält deren Entwicklung mit der Innovation nicht Schritt, entstehen Spannungsfelder, die zu einem neuen Regelungsbedarf führen.

III. Die praktische Umsetzung ist entscheidend abhängig von den technischen Möglichkeiten, die genutzt werden, um medizinische Ansprüche im Realbetrieb erfüllen zu können.

IV. Neben der technischen Umsetzung stellt sich die Frage nach der Ausgestaltung von Betriebskonzepten, die die Überführung UAS-gestützter Medizinlogistik in eine standardisierte Anwendung ermöglichen.

Lösungen

Die Überwindung der Innovationsbarrieren und die Umsetzung jedes Nutzungsszenarios bedarf einer systematischen und strukturierten Herangehensweise. Deshalb werden interdependente Lösungsansätze priorisiert und der jeweiligen Innovationsbarrieren direkt zugeordnet.

I. *Gestaltung künftiger Versorgungssysteme*

Um den standardisierten Einsatz von UAS in der medizinischen Versorgung zu ermöglichen, bedarf es der Gestaltung entsprechender Versorgungssysteme. Dafür müssen Netzwerke entwickelt werden, innerhalb derer Akteure aller Bereiche der öffentlichen Daseinsvorsorge eingebunden werden und aus denen heraus Berufsbilder geschaffen werden. Die fragmentierte Innovationsförderung sollte zunehmend vereinheitlicht und durch die Erhöhung des Förderumfangs von Forschungsprojekten langfristiger ausgerichtet werden. Damit Nachfrage bei potenziellen Anwendern entsteht, deren Investitionskraft durch externe Budgetierungen eingeschränkt wird, bedarf es langfristiger und nachhaltiger Finanzierungsansätze innerhalb des Gesundheitssystems.

II. *Gestaltung der rechtlichen Rahmenbedingungen*

Rechtliche Rahmenbedingungen müssen den medizinischen UAS-Betrieb ermöglichen und innovationsfördernd ausgestaltet sein. Wesentlich ist dabei einen Rechtsrahmen zu schaffen, der Rechtssicherheit für die beteiligten Akteure bietet, und dies auch bei einem flexiblen Betrieb z. B. in ad-hoc Szenarien. Es ist zu beachten, dass der Betrieb von UAS zu medizinischen Zwecken erheblich zur Förderung der Akzeptanz dieser neuen Technologie beitragen kann. Der Gesetzgeber steht vor der Herausforderung, Anforderungen für einen sicheren Betrieb zu definieren, welche die notwendige Rechtssicherheit bieten, flexible Einsätze zulassen und insgesamte die Innovation in diesem neuen Technologiebereich nicht unnötig einschränken. Betreiber von UAS zu medizinischen Zwecken dürften auch weiterhin vornehmlich Behörden oder Organisationen mit Sicherheitsaufgaben sein, die voraussichtlich auch künftig in den Genuss gewisser formaler Zulassungs- und Betriebserleichterungen kommen. Die Erleichterungen dürfen aber bei solchen Akteuren nicht zur Unsicherheit führen, welche Anforderungen und Regelungen auch sie weiterhin einzuhalten haben. Entsprechend hoch sind die Anforderungen an die Regelungsklarheit und auch die Nachvollziehbarkeit an allgemein geltende Anforderungen für einen sicheren Betrieb.

III. *Anforderungen an die UAS-Technik*

Für grundlegende technische Einsatztauglichkeit müssen die Flugleistungen in Zukunft noch weiter auf die medizinischen Ansprüche ausgerichtet werden, sodass Fluggeschwindigkeiten, Nutzlasten und Reichweite jedes Einsatzszenario uneingeschränkt erfüllen. Zudem muss die technische Zuverlässigkeit steigen, um für standardmäßige Einsätze in der Gesundheitsversorgung infrage zu kommen. Kritisch ist hier insbesondere die Resistenz gegenüber Umwelteinflüssen wie dem Wetter, aber auch die Sichtbarkeit im Luftraum und stabile Datenverbindungen. Um bisher bestehende Insellösungen systematisch in die Versorgungsstrukturen zu integrieren, müssen sämtliche Prozesse der UAS-Logistik weiter automatisiert werden.

IV. *Konzepte für den standardisierten Betrieb*

Eine wesentliche Frage für die Leistungserstellung von UAS-basierter Medizinlogistik ist die Übertragbarkeit öffentlicher Aufgaben an nicht-öffentliche Leistungserbringer, die für die weitere Aussteuerung dieses Innovationsprozesses kritisch sein könnten. Es gilt auch, künstliche Markteintrittsbarrieren des gesteuerten Innovationsprozesses und Optionen für ihre Überwindung zu definieren. Funktionale Leistungsbeschreibungen sind für die zu erwartende Vergabeverfahren unabdingbar. Zudem bedarf es technischer und personeller Qualifikationsregister, die den Zugang von Anbietern und Entwicklern zur UAS-basierten Medizinlogistik qualitativ kontrollieren. Aus technischen Qualifikationsregistern sollte für den Bedarfsträger ersichtlich sein, welche technischen Normen oder auch am Markt verfügbare Technologien die Einhaltung relevanter rechtlicher Vorschriften bei der Beschaffung von UAS und damit in Verbindung stehender Dienstleistungen gewährleisten. Aus personellen Qualifikationsregistern sollte ersichtlich sein, welche Unternehmen oder auch Einzelpersonen die rechtlichen Anforderungen an die personelle Leistungsfähigkeit im UAS-Bereich allgemein und speziell im medizinischen Anwendungsbereich erfüllen. Mithilfe solcher Register ließe sich die Beschaffung von UAS-Leistungen im medizinischen Bereich auch für Gesundheitsdienstleister erleichtern, die mit den hierzu geltenden Normen noch keine tiefergehende Erfahrung haben.

Weiterführende Materialien
Weiterführende Materialien und Vorlagen finden Sie u. a. auf

- der Seite des Bundesministerium für Gesundheit zur Ressortforschung zum Handlungsfeld „Gesundheitsversorgung"
- der Seite der Klinik für Anästhesie, Intensiv-, Notfall- und Schmerzmedizin der Universitätsmedizin Greifswald

Inhaltsverzeichnis

Die Herausgeber und Autoren

[1]**Dr. Mina Baumgarten** Projektleitung MV|LIFE|DRO-NE-Challenge
Klinik für Anästhesie, Intensiv-, Notfall- und Schmerzmedizin
Universitätsmedizin Greifswald
Ressortleitung Entwicklung Krankenversorgung und Qualität
Vivantes – Netzwerk für Gesundheit GmbH

Prof. Dr. Michael Czaplik Sektionsleiter Medizintechnik, Klinik für Anästhesiologie, Uniklinik RWTH Aachen
Geschäftsführender Gesellschafter der Docs in Clouds TeleCare GmbH

---

[1] Hinweis zur Arbeitsweise

Dieses Positionspapier entstand im Zeitraum Juli bis November 2020 durch Zusammenarbeit von 28 Autoren aus deutschlandweiten Forschungsprojekten, die den Einsatz von medizinischen UAS erproben. In regelmäßigen Videokonferenzen und virtuellen Arbeitstreffen wurden Erfahrungen und Kenntnisse verschiedenster Fachrichtungen im diesem Grundlagenwerk zusammengeführt.

Dominik Eichbaum Projekt KODRONA
Stadt Siegen

Beate Elbers Project Manager Digital Health
Drohnenprojekt Städtisches Klinikum Braunschweig
skbs.digital GmbH

Prof. Dr. Steffen Fleßa Lehrstuhl für Allgemeine Betriebswirtschaftslehre und Gesundheitsmanagement
Universität Greifswald

Dr. Andreas Follmann Stellv. Leiter Sektion Medizintechnik
Klinik für Anästhesiologie
Uniklinik RWTH Aachen

Prof. Dr. Andreas Greinacher Leiter der Abteilung Transfusionsmedizin am Institut für Immunologie und Transfusionsmedizin
Universitätsmedizin Greifswald

Christina Große-Möller Projektleitung Urban Air Mobility (UAM) & Netzwerk Windrove
Hamburg Aviation e.V.

Univ.-Prof. Dr. Klaus Hahnenkamp Direktor der Klinik für Anästhesie, Intensiv-, Notfall- und Schmerzmedizin
Projektleitung MV|LIFE|DRONE-Challenge
Universitätsmedizin Greifswald

Dr. Oliver Heinrich Rechtsanwalt/Partner
BHO Legal | Rechtsanwälte Partnerschaft mbB

Berthold Henkel
Projekt MV|LIFE|DRONE-Challenge, Medizinische Leitung
Universitätsmedizin Greifswald

Sabrina John Geschäftsführerin
GLVI Gesellschaft für Luftverkehrsinformatik mbH

Dipl.-Kffr. Julia Kuntosch Wissenschaftliche Mitarbeiterin
MV|LIFE|DRONE-Challenge
Lehrstuhl für Allg. Betriebswirtschaftslehre und Gesund-
heitsmanagement
Universität Greifswald

Dr. Johann Röper Koordination Positionspapier Wissenschaftlicher Mitarbeiter MV|LIFE|DRONE-Challenge
Universitätsmedizin Greifswald

Adrian Scheunemann Wissenschaftlicher Mitarbeiter im Projekt MV|LIFE|DRONE-Challenge
Universitätsmedizin Greifswald

Felix Schwarz Rechtsanwalt
BHO Legal | Rechtsanwälte Partnerschaft mbB

Holger Schulze Chief Marketing Officer
German Copter DLS GmbH

Hanna Steinebach Junior Project Manager
   Wingcopter GmbH

Skadi Stier Projektkoordinatorin
   DRF Stiftung Luftrettung gemeinnützige AG

Dr. Gordon Strickert Deutsches Zentrum für Luft- und
Raumfahrt e.V. (DLR)
   Institut für Flugsystemtechnik

Paul Studt Wissenschaftlicher Mitarbeiter
   BHO Legal | Rechtsanwälte Partnerschaft mbB

Klaus Tenning Leiter Studien und Kooperationen
Labor Berlin – Charité Vivantes GmbH

Suzan Lara Tunc Junior Projektmanager
Wingcopter GmbH

Unterstützer

Nikolaus Alexander Ammann Wissenschaftlicher Mitarbeiter
  Deutsches Zentrum für Luft- und Raumfahrt e.V. (DLR)
Institut für Flugsystemtechnik

Hannes Dieckmann Wissenschaftlicher Mitarbeiter MVI-LIFE|DRONE-Challenge
  Universitätsmedizin Greifswald

Dr. Lutz Fischer Ärztlicher Leiter Rettungsdienst
  Eigenbetrieb Rettungsdienst, Landkreis Vorpommern-Greifswald

Florian Klinner Projektleiter
  DRF Stiftung Luftrettung gemeinnützige AG

Dr. Timm Laslo Betriebsleiter
  Eigenbetrieb Rettungsdienst, Landkreis Vorpommern-Greifswald

Dr. Kathleen Selleng Oberärztin der Transfusionsmedizin
Universitätsmedizin Greifswald[2]

---

[2] **Weitere Beteiligte**
Julia Brockmeyer
Jon-Vincent Drewes
Franziska Gerken
Katrin Goerke
Patricia Krüger
Lukas Meininghaus
Arbeitsleitung/Koordination der Veröffentlichung
Dr. Johann Röper
Inhaltliches und fachliches Lektorat
Dr. Johann Röper (Leitung)
Sabrina John
Julia Kuntosch
Dr. Oliver Heinrich
Dr. Gordon Strickert
Editing
Christiane Eckhardt
Kai Schmidt
Bildnachweis
siehe Quellennachweis
Redaktionsschluss des Manuskriptes: 20.03.2021; aktualisierung von Teilabschnitten 20.03.2022

Abkürzungsverzeichnis

ACR	Leitstand (Aviation Control Room)
ADR	Accord européen relatif au transport international des marchandises Dange-reuses par Route (Europäisches Übereinkommen über die internationale Beförderung gefährlicher Güter auf der Straße)
AED	Automatischer Externer Defibrillator
AMC	Acceptable Means of Compliance
BDSG	Bundesdatenschutzgesetz
BioStoffV	Biostoffverordnung
BMAS	Ministerium für Arbeit und Soziales
BMBF	Bundesministerium für Bildung und Forschung
BMVI	Bundesministerium für Verkehr und digitale Infrastruktur
BMDV	Bundesministerium für Digitales und Verkehr
BOS	Behörden und Organisationen mit Sicherheitsaufgaben
BVLOS	Beyond Visual Line of Sight (Flüge außerhalb der Sichtverbindung)
CFR	Community First Responder (Ersthelfer)
CPR	Cardiopulmonary Resuscitation (Herzdruckmassage)
DFS	Deutsche Flugsicherung GmbH
DSG M-V	Datenschutzgesetz des Landes Mecklenburg-Vorpommern
DSGVO	Datenschutz-Grundverordnung
DWD	Deutscher Wetterdienst
EASA	European Union Aviation Safety Agency (Agentur der Europäischen Union für Flugsicherheit)
EK	Erythrozytenkonzentraten
FAQ	Frequently Asked Question
G-BA	Gemeinsamer Bundesausschuss
G-DRG	German Diagnoses Related Groups (Fallpauschalen)
GGSVSEB	Verordnung für innerstaatliche und grenzüberschreitende Beförderung gefährlicher Güter auf der Straße, mit Eisenbahnen und auf Binnengewässern
GKV	Gesetzliche Krankenversicherung

GM	Guidance Material
GNSS	Global Navigation Satellite System (globales Navigationssatellitensystem
GRCh	Charta der Grundrechte der Europäischen Union
IATA	International Air Transport Association (Internationale Luftverkehr-Vereinigung)
IATA-DGR	Dangerous Goods Regulations (Gefahrgutvorschriften)
IATA-TCR	Temperature Control Regulations (Temperaturvorschriften)
ICAO	International Civil Aviation Organisation (Internationale Zivilluftfahrtorganisation)
JARUS	Joint Authorities for Rulemaking on Unmanned Systems
KI	Künstliche Intelligenz
KöR	Körperschaft des öffentlichen Rechts
KWW	Kreiskrankenhaus Wolgast
LuBB	Luftfahrtbehörde Berlin-Brandenburg
LUC	Light UAS Operator Certificates
LuftVO	Luftverkehrs-Ordnung
MANV	Massenanfall von Verletzten
MPG	Gesetz über Medizinproduktegesetz
MPV	Medizinprodukte-Verordnung
MTBF	Mean Time between Failures (mittlere Betriebsdauer zwischen Ausfällen)
NOTAM	Notice to Airmen (Anordnungen oder Informationen über temporäre oder permanente Änderungen der Aeronautical Information Publication)
NUB	Neue Untersuchungs- und Behandlungsmethoden
OHCA	Außerklinischer Herzkreislaufstillstand
PKV	Private Krankenversicherung
RTW	Rettungstransportwagen
SERA	Standardised European Rules of the Air
SORA	Specific Operations Risk Assessment
TI	Technical Instructions for the SAFE Transport of Dangerous Goods by Air (Technische Anweisungen für die sichere Beförderung gefährlicher Güter im Luftverkehr)
TRBA	Technische Regeln für Biologische Arbeitsstoffe
UAS	Unmanned Aircraft Systems (unbemanntes Luftfahrtsysteme)
UGV	Unmanned Ground Vehicle
UMG	Universitätsmedizin Greifswald
UTM	Unmanned Aircraft System Traffic Management
UWV	Unmanned Water Vehicle
VFR	Visual Flight Rules (Sichtflugregeln)

Abbildungsverzeichnis

Tabellenverzeichnis

Teil I

Innovation durch unbemannte Flugsysteme im Gesundheitswesen

In der Bundesrepublik Deutschland existieren verschiedene unabhängige Forschungsprojekte zum Einsatz von UAS in der medizinischen Versorgung. Ihnen ist gemein, dass sie sich oftmals gleichen Herausforderungen gegenübersehen, die in den unabhängigen Projekten jedoch unterschiedlich gelöst werden. Im ersten Abschnitt dieses Positionspapiers werden die Kenntnisse zu funktionierenden Lösungsansätzen, aber auch über bestehende Herausforderungen der beteiligten Projekte konsolidiert. Auch werden die Einflussfaktoren auf den aktuellen Anwendungs- und Forschungsstand geschildert. Ein reger Austausch der Projektpartner wurde mit regelmäßigen Videokonferenzen und virtuellen Arbeitstreffen gewährleistet.

Um das Wesen des Innovationsprozesses durch UAS in der Gesundheitsversorgung überblicken zu können, werden zunächst wichtige Innovationstreiber identifiziert und die Besonderheiten von Innovationsprozessen in der Gesundheitsversorgung dargestellt. Dem folgen allgemeine Anwendungsszenarien medizinischer UAS mit erheblichem Nutzungspotenzial zusammen mit einer Beschreibung der Voraussetzungen des UAS-Betriebes im Status quo. Darauf aufbauend werden verschiedene deutschlandweite Forschungsprojekte beschrieben und ein Zwischenstand bisher gesammelter Erfahrungen geschildert. Besonderer Fokus wird hier auf spezifische technische und rechtliche Herausforderungen gelegt, denen sich medizinische Anwender gegenübersahen.

Innovation in der Gesundheitsversorgung

Julia Kuntosch, Johann Röper, Mina Baumgarten,
Klaus Hahnenkamp und Steffen Fleßa

1.1 Bedarfsänderungen als Innovationstreiber

Demografischer und epidemiologischer Wandel

Die Veränderung der Altersstruktur in Deutschland ist auf zwei wesentliche Faktoren zurückzuführen. Zum einen steigt, durchaus auch im medizinisch-technischen Fortschritt begründet, die Lebenserwartung der Bevölkerung. Zum anderen stehen dieser Entwicklung sinkende Geburtenzahlen gegenüber (Vgl. Kühn, 2017). Abb. 1.1 zeigt die Altersverteilung der deutschen Bevölkerung im Jahr 2018 und vergleichend dazu die Prognose für

J. Kuntosch (✉)
Gesundheitsmanagement, Universität Greifswald, Greifswald, Deutschland
E-Mail: julia.kuntosch@uni-greifswald.de

J. Röper
Universität Greifswald, Greifswald, Deutschland
E-Mail: johann.roeper@stud.uni-greifswald.de

M. Baumgarten
Klinik für Anästhesie, Intensiv-, Notfall- und Schmerzmedizin, Universitätsmedizin Greifswald, Greifswald, Deutschland
E-Mail: mina.baumgarten@med.uni-greifswald.de

K. Hahnenkamp
Klinik für Anästhesie, Intensiv-, Notfall- und Schmerzmedizin, Universitätsmedizin Greifswald, Greifswald, Hansestadt, Mecklenburg-Vorpommern, Deutschland
E-Mail: klaus.hahnenkamp@uni-greifswald.de

S. Fleßa
LS allg BWL u Gesundheitsmgmt, Universität Greifswald, Greifswald, Hansestadt, Mecklenburg-Vorpommern, Deutschland
E-Mail: steffen.flessa@uni-greifswald.de

© Der/die Autor(en), exklusiv lizenziert durch Springer Fachmedien Wiesbaden GmbH, ein Teil von Springer Nature 2022
M. Baumgarten et al. (Hrsg.), *Unbemannte Flugsysteme in der medizinischen Versorgung*, https://doi.org/10.1007/978-3-658-35372-8_1

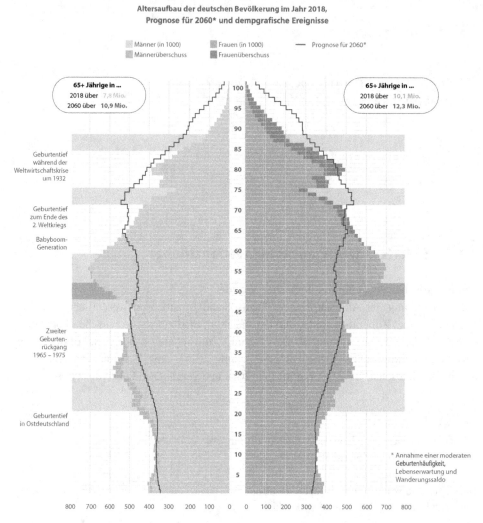

Abb. 1.1 Altersverteilung in Deutschland 2018 und 2060. (Quelle: In Anlehnung an das Statistische Bundesamt 2019)

das Jahr 2060. Es ist deutlich zu erkennen, dass sich im Jahr 2060 die Altersstruktur weiter zu Lasten der jüngeren Bevölkerung verschoben haben wird.

Der demografische Wandel hat bereits jetzt weitreichende Folgen für das deutsche Gesundheitswesen. Die sich ändernde Altersstruktur der Bevölkerung führt zu einem epidemiologischen Wandel mit Zunahme von Alterskrankheiten und Multimorbidität. Den sich daraus ergebenden steigenden Gesundheitsausgaben steht im nach dem Solidarprinzip organisierten deutschen Krankenversicherungswesen eine sinkende Anzahl von erwerbstätigen Beitragszahlenden gegenüber (Vgl. Wübker, 2018, S. 372–374). Auf der

Seite der Leistungserbringenden verschärft der demografische Wandel zudem den Mangel an medizinischem Fachkräftenachwuchs.

Urbanisierung

Deutschlandweit führt das Wachstum urbaner und peri-urbaner Regionen zu gegenläufigen Trends. Während in diesen Gebieten ein stetiger Bevölkerungszuwachs in der Planung der Gesundheitsversorgung zu berücksichtigen sein wird, erwächst in ländlichen und struktur-schwachen Regionen die disproportionale Abwanderung der jüngeren Bevölkerung und zur wesentlichen Herausforderung (Vgl. Wübker, 2018, S. 372–374).

Besonders deutlich wird dies in größeren Gebieten Ostdeutschlands, in denen geringe Bevölkerungsdichte, hohes Durchschnittsalter und infrastrukturelle Defizite zusammen-treffen (Abb. 1.2 und 1.3). Die beiden Abbildungen verdeutlichen das hohe Durchschnitts-alter der Bevölkerung in den dünn besiedelten Regionen.

Abb. 1.2 Bevölkerungsdichte nach Gemeinden 2017. (Quelle: Bundesinstitut für Bevölkerungsforschung)

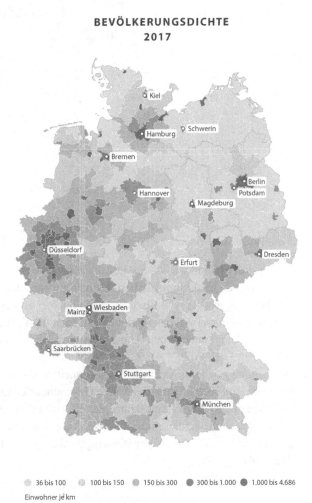

BEVÖLKERUNGSDICHTE 2017

36 bis 100   100 bis 150   150 bis 300   300 bis 1.000   1.000 bis 4.686

Einwohner je km

Abb. 1.3 Durchschnittsalter
der Bevölkerung 2017.
(Quelle: Bundesinstitut für
Bevölkerungsforschung)

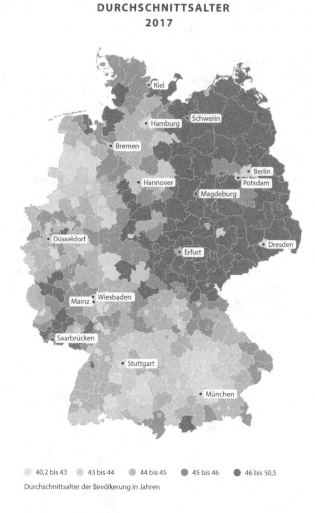

DURCHSCHNITTSALTER
2017

● 40,2 bis 43   ● 43 bis 44   ● 44 bis 45   ● 45 bis 46   ● 46 bis 50,5

Durchschnittsalter der Bevölkerung in Jahren

In den struktur- und wirtschaftsstarken Gebieten ergeben sich vornehmlich im Hinblick auf die steigende Auslastung der bestehenden Infrastruktur einige Herausforderungen, die durch die Verfügbarkeit von Erwerbstätigen leichter zu bewältigen sein werden. In ländlichen und strukturschwachen Regionen hingegen führt der anhaltende Bevölkerungsrückgang durch die zunehmende Unterauslastung der Infrastrukturen fortschreitend zu Ineffizienzen (vgl. Abb. 1.4). Zudem wird der regionale Fachkräftemangel die Aufrechterhaltung gewisser Systemstrukturen zunehmend erschweren. Hieraus ergibt sich ein hoher Innovationsbedarf für ausgewählte Gesundheitsleistungen.

Im Fokus neuer Versorgungskonzepte, die unter Ausschöpfung der (digitalen) Infrastruktur entwickelt werden, muss das Wohl der Patientinnen und Patienten stehen, um Zugänglichkeit und Qualität patientengerecht zu gestalten (Vgl. Wübker, 2018, S. 372–374).

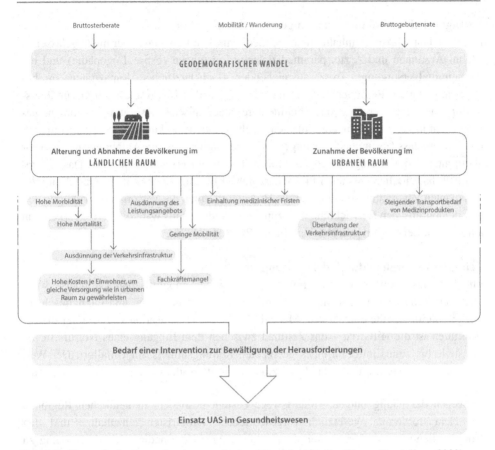

Bruttosterberate   Mobilität / Wanderung   Bruttogeburtenrate

GEODEMOGRAFISCHER WANDEL

Alterung und Abnahme der Bevölkerung im
LÄNDLICHEN RAUM

Zunahme der Bevölkerung im
URBANEN RAUM

Hohe Morbidität   Ausdünnung des   Einhaltung medizinischer Fristen   Steigender Transportbedarf
                         Leistungsangebots   von Medizinprodukten

Hohe Mortalität
                                      Geringe Mobilität   Überlastung der
                                                                 Verkehrsinfrastruktur

Ausdünnung der Verkehrsinfrastruktur

Hohe Kosten je Einwohner, um   Fachkräftemangel
gleiche Versorgung wie in urbanen
Raum zu gewährleisten

Bedarf einer Intervention zur Bewältigung der Herausforderungen

Einsatz UAS im Gesundheitswesen

Abb. 1.4 Herausforderungen des demografischen Wandels. (Quelle: Eigene Darstellung 2020)

Auswirkungen auf das Gesundheitswesen
Der dargestellte Wandel der Bevölkerungsstruktur weist ebenso wie die sich verändernden
Erwartungen zunehmend aufgeklärter Patienten und Patientinnen Folgen für alle Bereiche
des deutschen Gesundheitswesens auf.

Zentralisierung und Spezialisierung im stationären Sektor
Bei den Leistungen des stationären Sektors handelt es sich um die Angebote des Akut-
krankenhauses, der Rehabilitationskrankenhäuser sowie der stationären Pflege. In urbanen
und strukturstarken Regionen wird es weiterhin zu einer Ausweitung von Versorgungs-
kapazitäten und zu Spezialisierungen kommen, die zunehmend eines zeitgerechten Transportbedarfs von Medizinprodukten, wie beispielsweise von Blut- oder Gewebeproben,
bedürfen. Dem steht im ländlichen und/oder strukturschwachen Raum eine Zentralisierung gegenüber. Um den Zugang zu Gesundheitsleistungen perspektivisch zu gewährleisten, sind dort neue Mobilitätskonzepte und zunehmende telemedizinische Vernetzung
erforderlich (Vgl. Fleßa, 2018, S. 74–75).

Verfügbarkeit ambulanter Leistungen

Der ambulante Sektor beinhaltet u. a. die medizinischen Leistungen der niedergelassenen (Zahn-)Ärztinnen und Ärzte, paramedizinische Leistungen (bspw. Logopädie) und die Arzneimittelversorgung. Trotz ausreichender (fach-)ärztlicher Kapazitäten in bevölkerungsstarken Regionen ist aufgrund der steigenden Nachfrage nach Gesundheitsleistungen eine zeitgerechte (oder unmittelbare) medizinische Versorgung zunehmend gefährdet. In ländlichen Gebieten hingegen resultiert aus dem akuten Mangel an Ärztinnen und Ärzten, dass Gesundheitsleistungen aufgrund immer weiterer Anfahrtswege und (vor allem altersbedingt) eingeschränkter Mobilität schwerer erreichbar werden. Das gilt sowohl für hausärztliche als auch für fachärztliche Konsultationen. Für die Gestaltung der ambulanten Versorgung ist es eine große Herausforderung, die Versorgungsstrukturen den geo-demografischen Entwicklungen anzupassen. Anderenfalls wäre die Verfügbarkeit von ambulanten Leistungen bedroht (Vgl. Fleßa, 2018, S. 74–75).

Zeitnahe Versorgung durch den Rettungsdienst

Im Rettungswesen sind die Folgen des (geo-)demografischen Wandels weitreichend. Rettungsdienste stehen vor dem Anspruch, vorgegebene und medizinisch induzierte Zeitintervalle einzuhalten. Maßgeblich für die Organisation von Rettungsdienststrukturen ist die Hilfsfrist – das Zeitmaß zwischen dem Eingang eines Notrufs in der Leitstelle bis zum Eintreffen eines geeigneten Rettungsmittels am Unfallort. Der Wert weicht, sofern existent, in den länderspezifischen Rettungsdienstgesetzen voneinander ab.

Wegen der häufig langen Anfahrtswege besteht besonders in ländlichen Regionen die Herausforderung, gesetzlich vorgeschriebene Hilfsfristen einzuhalten und den Notfallpatientinnen und -patienten damit eine fristgerechte medizinische Versorgung zu garantieren. Mancherorts wird es darum geboten sein, den Bau neuer (Notarzt-)Standorte in Erwägung zu ziehen. Mit den abnehmenden Einwohnerzahlen sinkt jedoch auch die Zahl der Einsätze des Rettungsdienstes, was wiederum den Erfahrungsstand sowohl des ärztlichen wie auch des nicht-ärztlichen Rettungspersonals bedroht. Zwar mag die Heterogenität ihrer Einsätze noch gegeben sein, jedoch nehmen sie quantitativ ab. Durch die Einrichtung weiterer (notfallmedizinischer)Einrichtungen würde diese Problematik noch verschärft werden: Ohnehin sinkende Einsatzzahlen verteilen sich dann auf eine noch größere Standortzahl.

Die überlasteten Infrastrukturen in urbanen Räumen hingegen erschweren zunehmend die Mobilität bodengebundener Rettungsmittel. Um zeitnah eine bedarfsgerechte (notfall-)medizinische Versorgung bei zeitkritischen Notfällen gewährleisten zu können, wäre ein Ausweichen in den Luftraum – wie es bspw. durch die kostenintensive Luftrettung (Vgl. Röper et al., 2020) – eine denkbare Alternative.

Gefährdung zeitnaher und erreichbarer Versorgung

Das Uno-Actu-Prinzip beschreibt das Wesen des Erstellungsprozesses von Dienstleistungen. Nach diesem ist die Behandlung von Erkrankten grundsätzlich nur in Einheit von Raum, Ort und Zeit aller nötigen internen und externen Produktionsfaktoren der medizinischen Versorgung möglich. Sie gilt für alle Sektoren der Gesundheitsversorgung. Telemedizinische Innovationen setzen an, räumliche Distanzen zu überbrücken, sind jedoch nicht geeignet, die Raum-Zeit Bedingung vollständig zu überwinden (Vgl. Fleßa, 2018, S. 23 ff., S. 246).

Die geschilderten Folgen und Herausforderungen an die Gesundheitsversorgung zeigen auf, dass besonders im Bereich der Notfallversorgung Handlungsbedarf geboten ist, um zukünftig die flächendeckende Versorgung der Bevölkerung zu gewährleisten. Daraus ergibt sich der Anspruch einer Verbesserung der Notfallversorgung, die durch Implementierung von Innovationen gefördert werden kann. Ihr Ziel muss sein, die Einheit von Raum, Ort und Zeit schnellstmöglich herzustellen. Der Versorgungsanspruch ist somit, die (notfall-)medizinischen Fristen in der Patientenversorgung gegenüber dem aktuellen Stand zu verkürzen. Denkbare Maßnahmen sind beispielsweise die Einführung von Community-First-Responder-Systemen (CFR), der Einsatz von Telemedizin oder medizinischer UAS in der Notfallversorgung.

1.2   Innovationstheoretische Grundlagen

Arten der Innovation

Der Einblick in eine Auswahl innovationstheoretischer Begrifflichkeiten und der erforderlichen Prozessschritte von der ersten Idee bis zur Annahme der Innovation erleichtert die Einordnung des aktuellen Forschungsstandes zu den medizinischen Anwendungsfeldern von UAS in Deutschland (vgl. Tab. 1.1).

Der Ausgangspunkt eines jeden Innovationsprozesses ist die Ideengenerierung mit dem Ergebnis einer Invention. Der Invention geht die Feststellung eines Bedürfnisses, das durch eine Neuerung befriedigt werden soll, oder die Unzufriedenheit mit dem bestehenden System bzw. den aktuellen Systemlösungen für bestehende Probleme voraus. Die Schaffung einer Invention setzt Kreativität in der Problemlösung und ein stabiles Umfeld, in dem die Invention entstehen soll, voraus (Vgl. Fleßa, 2018, S. 669, 670). Die Anwendung der Invention ist als Innovation definiert.

Innovationen können aufgrund der Diversität existenter Probleme verschiedene Leistungsansätze beinhalten, unterschiedlich stark auf bestehende Systeme einwirken und zu unterschiedlich intensiven Veränderungen führen. Bei Innovationen handelt es sich nicht nur um neuartige Produkte oder Verfahren – Vertriebswege, Vertragsformen oder Werbeaussagen können gleichermaßen innovative Problemlösungen darstellen (Vgl. Hauschild et al., 2016, S. 3).

Promotoren* im Innovationsprozess sind Schlüsselpersonen, die Einfluss auf die mögliche Innovationsadoption nehmen. Der Prozess von der Invention zur Innovation kann auf zahlreiche Widerstände (Innovationsbarrieren) stoßen, die für eine Adoption der Innovation überwunden werden müssen. Promotoren können durch ihre Kenntnisse sowie ihre

Tab. 1.1 Fachbegriffe Innovationstheorie

Fachbegriff	Erläuterung
Invention	Erfindung oder Generierung einer Neuerung, unabhängig von ihrer Anwendung als Prozess oder Produkt
Innovation	Umsetzung oder Anwendung der Invention
Prozessinnovation	Erstellung einer gegebenen Leistung durch ein (neuartig) verändertes Verfahren
Produktinnovation	Erstellung einer neuartigen Leistung (Dienstleistung oder Produkt)
Verdrängende Innovation	Innovation, die eine neuartige Lösung für ein bestehendes Problems aufzeigt, für das bislang eine andere Problemlösung existierte
Erweiternde Innovation	Innovation, die eine Lösung für ein Problem bietet, das bislang nicht ausreichend oder gar nicht gelöst werden konnte
Mikro-, Meso- und Makroinnovation	Von einer Mikroinnovation ist nur das jeweilige System betroffen, bei anderen Systemen sind kaum Anpassungsprozesse erforderlich. Makroinnovationen wirken auf alle relevanten Systeme ein und erfordern vor allem eine Anpassung von Regularien und Werten. Mesoinnovationen verlangen die Anpassung von Umsystemen, ohne eine Anpassung von Werten zu erfordern.
Sprunginnovation	Fundamentale Innovation, die zumindest in einer relevanten Dimension etwas grundlegend Neues schafft
Basisinnovation	Innovation, die eine hohe Relevanz für das Gesamtsystem aufweist und ihr folgend weitere Innovationen und Anpassungsvorgänge nach sich zieht
Anpassungsinnovation	Veränderung einer existierenden Lösung in kleinen Teilschritten
Adaption	Anpassung eines existierenden Produktes oder eines existierenden Verfahrens
Adoption	Annahme einer Neuerung durch die Produzenten oder Kunden

Quelle: Eigene Darstellung nach Fleßa et al. (2020)

institutionelle Macht diese Innovationsbarrieren überwinden und damit eine Adoption der Innovation in das bestehende System forcieren (Vgl. Fleßa, 2018, S. 672, 673).

Je nachdem, auf welcher Grundlage die Promotoren die Innovation beeinflussen, ist zwischen Fach- und Machtpromotoren zu unterscheiden. Fachpromotoren verfügen über spezifisches Wissen und tragen durch intensive und aktive Innovationsförderung dazu bei, auf „Nicht-Wissen" beruhende Barrieren zu überwinden. Machtpromotoren hingegen besitzen aufgrund ihrer hierarchischen Stellung die Handlungskraft, die einzelnen organisatorischen Erfordernisse voranzutreiben, um so die Barrieren zu überwinden, die auf einem „Nicht-Wollen" basieren. Als Bindeglied zwischen Fach- und Machtpromotoren fungieren Prozesspromotoren, die über Organisationskenntnisse verfügen und dazu beitragen können, administrative Barrieren des „Nicht-Dürfens" bei der Innovationsadoption zu durchdringen. Bei in kooperativen Rahmen (bspw. mit Beratern, Kunden oder Forschungseinrichtungen) entwickelten Innovationen werden des Weiteren Beziehungspromotoren benannt (Vgl. Corsten et al., 2016, S. 47–52; Vgl. Fleßa, 2018, S. 672, 673).[1]

---

[1] * Aus Gründen der besseren Lesbarkeit wird auf die gleichzeitige Verwendung der Sprachformen

Den Promotoren gegenüber können Opponenten (Bremser) treten, die gezielt einen andersartigen oder einen entgegengesetzten Veränderungsprozess anstreben. Wenn es sich um konstruktive und sachbezogene Konflikte handelt, kann die Existenz von Opponenten zu einer höheren Effizienz des Entscheidungsprozesses und folglich zu einer prozessfördernden Leistung der Promotoren führen (Vgl. Corsten et al., 2016, S. 48).

Stakeholder sind Einzelpersonen oder Personengruppen, die durch die Ziele eines Unternehmens/einer Organisation beeinflusst werden oder selbst Einfluss auf diese Ziele nehmen. Sie können Inventionen generieren und zu späteren Phasen Innovationen fördern oder auch blockieren.

Eine Einteilung der Stakeholder kann über die Zugehörigkeit zu einer Organisation (…) getroffen werden. Zu den internen Stakeholdern zählen bspw. die Eigentümer und die Mitarbeitenden. Als externe Stakeholder sind unter anderem Fremdkapitalgeber oder die gesamte Öffentlichkeit zu nennen. Eine weitere Einteilung der Stakeholder kann über den Grad der Einflussnahme auf die Unternehmenstätigkeit getroffen werden. Die offensichtliche und eindeutige Einflussnahme definiert die primären Stakeholder, während die sekundären Stakeholder lediglich einen indirekten Einfluss auf die Tätigkeiten des Unternehmens besitzen (Vgl. Fleßa, 2018, S. 675).

Innovationsprozess

Von der Ideengenerierung bis zur Adoption einer daraus entstandenen Innovation in das bestehende System gilt es, gut strukturiert die zeitintensiven, kosten- und risikoreichen Prozessschritte zu managen. Für die Innovationsadoption ist die Überführung der innovativen Lösung zur messbaren Nachfrage ein wesentliches Erfolgskriterium. In der Abb. 1.5 werden die einzelnen Prozessphasen und dazwischen bestehende Interdependenzen aufgezeigt.

Die Ideengenerierung bzw. die Invention und die kreative Arbeit an einer Problemlösung durch Entwicklerinnen und Entwickler ist die erste Phase des Innovationsprozesses. Sie resultiert aus unterschiedlichen Auslösern, die bspw. auf Neugier oder auf Unzufriedenheit mit aktuellen Problemlösungen beruhen. Unzureichende Problemlösungen führen auf Seiten der Anwender zu einem subjektiv empfundenen und objektiv feststellbaren Mangel, der sich als konkreter Änderungswunsch manifestieren kann.

An die Invention schließt sich die Notwendigkeit zur weiteren Forschung und Entwicklung der Inventionen an. Deren Erprobung bzw. die Durchführung impliziert die Durchführung von Studien, um beispielsweise die technische Umsetzbarkeit oder den medizinischen Nutzen festzustellen und etwaige Probleme in der Anwendung zu erkennen und darauf reagieren zu können.

Mit fortschreitender Reife der Invention ergeben sich zunehmend ökonomische Aspekte im Innovationsprozess. Diese befassen sich neben der Kosten-Nutzen-Bewertung und den an der Innovation beteiligten Stakeholdern auch mit den Voraussetzungen (zum

---

männlich, weiblich und divers (m/w/d) verzichtet. Sämtliche Personenbezeichnungen gelten gleichermaßen für alle Geschlechter.

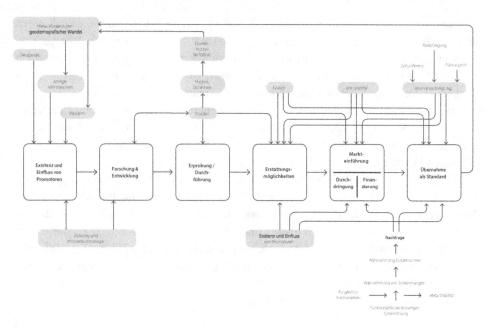

Abb. 1.5 Schematische Darstellung eines Innovationsprozesses. (Quelle: Eigene Darstellung (2020), in Anlehnung an Löschner & Fleßa, 2017)

Beispiel mögliche Finanzierungsoptionen nach der Innovationsfinanzierung) für eine erfolgreiche Adoption. Bei erfolgreicher Adoption der Innovation wird diese als Standardlösung dann in das bestehende System eingehen, wenn das entstehende Angebot auf eine Nachfrage trifft.

Nachfrage entsteht durch potenzielle Anwender, die ausgehend von der Feststellung des eigenen Bedürfnisses das Ziel verfolgen, eine Mangelerscheinung zu verändern. Gibt es eine Lösung, also ein Angebot das Bedürfnis zu befriedigen, ergibt sich ein Bedarf. Aus der Bewertung der Lösung zur Bedürfnisbefriedigung durch die Anwender mit der eigenen Zahlungsbereitschaft entwickelt sich schließlich eine Nachfrage nach der innovativen Lösung. Aus der Angebotserstellung, -Bewertung und -abnahme entsteht schließlich der Markt der Innovation.

Innovationsbarrieren

Unter Innovationsbarrieren sind hemmende, aber überwindbare Hindernisse in Innovationsprozessen zu verstehen (Vgl. Witte, 1973, S. 6.). Innovationsbarrieren besitzen eine graduelle Wirkung und können gleichermaßen graduell bewältigt werden (Vgl. Mirow et al., 2007, S. 104). Nach Mirow et al. (2007) wirkt eine Innovationsbarriere wie folgt:

> „Eine Barriere ist ein den Innovationsprozess […] beeinflussender Faktor, der eine Innovation verhindert, verzögert oder umformt". (Mirow et al., 2007, S. 105.)

Abb. 1.6 zeigt vier unterschiedliche Dimensionen von Innovationsbarrieren auf. Sie können in jeder Phase des Innovationsprozesses auftreten, wobei die gleichen Innovationsbarrieren phasenübergreifend fortbestehen und jeweils unterschiedliche Ursachen bzw. Entstehungsgründe aufweisen können. Die individuelle Wahrnehmung der Barrieren geschieht auf den unterschiedlichen Unternehmensebenen und sollte je nach Innovationserfahrung und Einbindung des Individuums in die Innovation selbst unterschieden werden. Die Ursachen reichen vom Einzelwiderstand eines Individuums bis hin zum Widerstand durch ganze Systeme (Vgl. Mirow et al., 2007, S. 112–113).

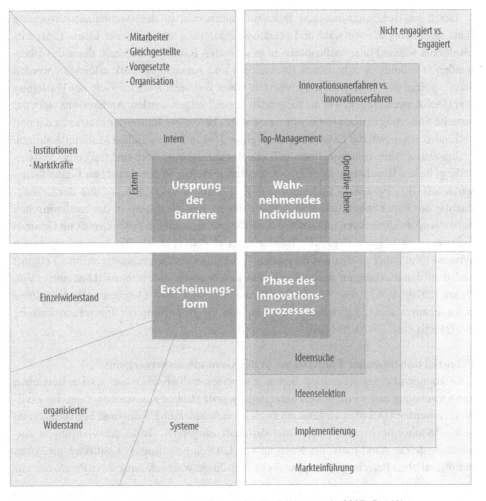

Abb. 1.6 Systematik von Innovationsbarrieren. (Quelle: Mirow et al., 2007, S. 113)

1.3   Technische Innovation im Gesundheitswesen

Besonderheiten von Innovationsprozessen in der medizinischen Versorgung

Mit zunehmender Nähe zur Versorgung von Patientinnen und Patienten weisen die Märkte des Gesundheitswesens einen immer weiter steigenden Regelungsgrad auf. Dieser resultiert aus der besonderen Bedeutung der öffentlichen Daseinsvorsorge und des Schutzes der körperlichen Unversehrtheit sowie der besonderen Schutzbedürftigkeit und Sensibilität medizinischer Daten. Anders als in Märkten mit geringem Regelungsgrad werden Innovationsprozesse im Gesundheitswesen bis zu ihrer Implementierung intensiv gesteuert, sie finden in einem geschützten Umfeld und selten sprunghaft statt. Die Adoption geschieht gleichermaßen häufig verzögert und entsteht nicht rein durch den nachfragebedingten Innovationsdruck der Anwender.

Der hohe Regelungsgrad von Innovationsprozessen in der Gesundheitsversorgung führt regelmäßig zur Auswahl und selektiven Förderung verschiedener Ideen. Einerseits resultieren solche Fördermaßnahmen in geschützten Räumen, innerhalb derer das Überwinden von Innovationsbarrieren Entwicklern und Anwendern stark erleichtert werden kann – sofern der Zugang zu diesen besteht. Dies geschieht auch im Falle der Förderung von UAS-Anwendungen, wie die folgenden Kapitel zeigen werden. Andererseits stellt die gezielte Steuerung der Innovationsprozesse selbst besondere Innovationsbarrieren dar und verhindert potenziell die Entstehung innovativer Dynamiken zwischen Marktteilnehmern.

Innovative medizinisch-technische Technologien und Verfahren sind trotz eines systembedingt hohen Regelungsgrades ein wesentlicher Treiber in der deutschen Gesundheitswirtschaft. Ihre Förderung findet mit dem Ziel statt, zu einer Verbesserung der Lebensqualität der Patientinnen und Patienten zu führen, das Wachstum in der medizinischen Versorgung zu stimulieren und sowohl die Effizienz als auch die Produktivität im Gesundheitswesen zu steigern (Vgl. von Bandemer et al., 2012, S. 2). Die Anwendung neuen Wissens führt dabei zu einem verbesserten Verhältnis zwischen Ressourceneinsatz (Input) und dem damit erlangten gesundheitlichen Ergebnis der Betroffenen (Outcome) (Vgl. Bauer, 2010, S. 62). Die Gesundheitsökonomie setzt dem Outcome den benötigten Ressourcenverbrauch gegenüber und ermöglicht die Bewertung der Innovationsleistung (Vgl. Fleßa et al., 2020, S. 1–10).

Potenzial unbemannter Flugsysteme in der Gesundheitsversorgung

UAS kommen bereits seit vielen Jahren in diversen militärischen und zivilen Bereichen zur Anwendung und werden auch unter dem Begriff Drohne zusammengefasst. Im Zivilbereich werden UAS überwiegend zur Inspektion, Vermessung, Film- und Fotoaufnahmen sowie Monitoring bspw. in der Landwirtschaft eingesetzt. Trotz der vielfältigen Anwendungsfelder stand meist die Nutzung von UAS in bewaffneten Konflikten im Fokus der öffentlichen Berichterstattung, was eine einseitige Wahrnehmung ihrer Potenziale zur

Folge hatte. Entsprechend muss von einer negativen Konnotation des Begriffs UAS ausgegangen werden. Um dieser im Zusammenhang der zivilen öffentlichen Daseinsvorsorge zu umgehen, wird in diesem Werk der Begriff unmanned aerial system (UAS) verwendet.

Die medizinische UAS-Nutzung erfährt eine hervorgehobene Bedeutung gegenüber alternativen Anwendungsmöglichkeiten, da sie als innovative Verbesserung an der öffentlichen Daseinsvorsorge des Gesundheitswesens ansetzt und somit eine besondere Relevanz für sich beansprucht. Grundsätzlich stellen medizinische UAS-Einsätze dabei logistische Lösungen dar, in denen materielle sowie immaterielle Güter transportiert werden.

Damit findet der Einsatz medizinischer UAS im deutschen Gesundheitswesen sektorenübergreifend Anwendungsmöglichkeiten, die besonders an der Überwindung des Raum-Zeit-Problems ansetzen: Zur Behandlung Erkrankter müssen alle Produktionsfaktoren zur gleichen Zeit am gleichen Ort sein wie das medizinische Personal und dessen Infrastruktur. Fallen Raum und Zeit dieser Produktionsfaktoren auseinander, ist nicht nur die Leistungserstellung selbst (nämlich die Versorgung der Betroffenen), sondern auch ihre Qualität bedroht. Der innovative Ansatz des UAS-gestützten Gütertransportes im Gesundheitswesen (bspw. Defibrillatoren, Blutkonserven, Organe (Vgl. BMVI, 2020, S. 14)) hat somit das Potenzial, innerhalb eines Versorgungsprozesses sowohl den medizinischen als auch den ökonomischen Output zu optimieren.

Besonderheiten von Innovationsprozessen im Gesundheitswesen lassen sich am Einsatz medizinischer UAS exemplarisch verdeutlichen. So beeinflussen verschiedene in Abschn. 1.1 *Bedarfsänderungen als Innovationstreiber* beschriebene externe Faktoren die Ansprüche an die medizinische Leistungserstellung. Genannt sind hier der geodemografische Wandel, die epidemiologische Transition, die Zentralisierung von Versorgungseinrichtungen und der Fachkräftemangel. Solchen Herausforderungen kann mit dem Einsatz von UAS begegnet werden, beispielsweise dann, wenn logistische Prozesse nicht mehr von bestehenden, überlasteten und schlecht ausgebauten Infrastrukturen abhängig sind.

Als neuartige Transportlösung hängt die Adoption maßgeblich davon ab, ob die Prozessqualität und -sicherheit gegenüber bestehenden Lösungen bei maximal gleichbleibenden Kosten erhöht werden kann. Der medizinischen UAS-Logistik wird es aus vorgenannten Gründen nicht möglich sein, als verdrängende Innovation im Versorgungssystem bis zur technischen Reife wachsen. Die Steuerung und Förderung der dafür notwendigen Innovationsprozesse sind immanent und notwendig.

Stand der Technik
Unbemannte Flugsysteme unterliegen einer dynamischen Entwicklung, was ihr Nutzungspotenzial für die Gesundheitsversorgung begünstigt. Jedoch führt der schnelle technische Fortschritt auch zu einer gewissen Unübersichtlichkeit. UAS können folgenden vier Gruppen zugeordnet werden (vgl. Abb. 1.7, 1.8, 1.9, 1.10):

Abb. 1.7 Octocopter. (Quelle:
GlobeUAV)

Abb. 1.8 Flächenflieger.
(Quelle: Wingcopter)

Abb. 1.9 Gyrocopter. (Quelle: Airialsolutions)

Abb. 1.10 UAV Helicopter (Typ Alpha 800). (Quelle: Alpha Unmanned Systems)

Abb. 1.7	**Multicopter** haben mehrere Rotoren. Ihre Anzahl kann sich auf die Leistung auswirken, zudem kann durch redundante Anordnung eine höhere Sicherheit erreicht werden. Trotz der vergleichsweise geringen Energieeffizienz hat sich diese Bauweise für Flüge innerhalb der Sichtweite durchgesetzt. Dazu lassen sich hier auch recht einfach Sicherheitssysteme, wie zum Beispiel Fallschirme, integrieren. Diese Bauweise eignet sich vor allem für Aufgaben, bei denen die Schwebefunktionalität wesentlich wichtiger als die Fluggeschwindigkeit und Reichweite ist.
Abb. 1.8	**Flächenflieger** eignen sich aufgrund ihrer Gleitfähigkeit, die durch große Tragflächen erreicht wird, zum Transport von Traglasten und zum Zurücklegen längerer Strecken. Es werden vier Konzepte unterschieden: 1. Der starre Flächenflieger: Der Flächenflieger wird beim Start durch Hilfsmittel auf die erforderliche Geschwindigkeit gebracht. Schweben ist dieser Bauform meist nicht möglich. Sofern eigenes Fahrwerk fehlt, werden Flächenflieger in niedriger Höhe auch mittels Fangnetz aufgefangen oder mittels einer Fangleine aus der Luft „geangelt". 2. Mehrmotoren-System: Am Flächenflieger sind nach oben und nach vorn gerichtete Motoren installiert, die Senkrechtstarts ermöglichen. 3. Kippbare Motoren: Die Motoren lassen sich mechanisch in ihrer Ausrichtung ändern, was senkrechtes Starten ermöglicht 4. Kippbare Tragflächen: Starre Motoren werden mit drehbaren Tragflächen kombiniert – eine vereinfachte Mechanik gegenüber Variante 3.
Abb. 1.10	Der Antrieb von **Helikoptern** basiert überwiegend auf einer aktiven Hauptrotorebene, die von einem seitlich angebrachten Heckrotor stabilisiert wird.
Abb. 1.9	**Gyrokopter** kombinieren die technischen Attribute von Flächenfliegern und Helikoptern. Der Hauptrotor kann Auftrieb liefern und damit Langsamflug und senkrechte Landungen ermöglichen, der Vortrieb wird typischerweise mittels separater Propeller erzeugt.

Die Forschung und Entwicklung der UAS orientiert sich prioritär an folgenden Aspekten:

- Entwicklung neuer Motorenanordnungen und Motorensteuerungen zur Verbesserung des Auf- und Vortriebes,
- Entwicklung neuer Bauformen für eine höhere Effizienz im Flugbetrieb,
- Entwicklung zur Nutzung neuer oder kombinierter Antriebsarten und Energiespeicher,
- Erhöhung des Automationsgrads bis hin zur Autonomie zum Flug in komplexen Szenarien

Für die Fernsteuerung von UAS ist der Empfang von Steuersignalen unerlässlich. Sie können über den Mobilfunk oder über Radiowellen übertragen werden. Beyond-Visual-Line-Of-Sight-Flüge (BVLOS) werden meist über das Mobilfunknetz gesteuert. Um Nachteile hinsichtlich der 4G/5G-Netzabdeckung und damit verbundener Verbindungs-verluste auszugleichen, gibt es zwei wesentliche Ansätze bei der Entwicklung von Steuerungssystemen:

1. Das UAS wird „intelligenter" und „entscheidet" bei Verlust der Verbindung nach gespeicherten Regeln selbstständig über Abbruch oder Fortsetzung des Fluges. Weitergehende Forschungen haben zum Ziel, dass UAS in Zukunft mithilfe von künstlicher Intelligenz (KI) und über Vernetzung mit anderen in der Luft befindlichen Verkehrsteilnehmern komplexere und lagebasierte Entscheidungen treffen können.
2. Eine andere Entwicklungsrichtung geht dahin, dass UAS mit verschiedenen Frequenzbändern arbeiten. Das Abreißen einer 4G/5G-Verbindung würde für die/den Steuernden damit nicht automatisch den Kontrollverlust über das Fluggerät bedeuten. Mittels einer „Fallback-Lösung" schaltet das UAS dann automatisch auf eine Funkfrequenz zum Beispiel im Bereich von 900 MHz um. Diese Frequenz weist zwar nicht die Leistungsfähigkeit eines 4G/5G-Netzwerkes auf, sichert aber der Basisstation weiterhin die volle Kontrolle.

Förderung von UAS im Gesundheitswesen

Seit einigen Jahren untersuchen deutschlandweit unterschiedliche Forschungsprojekte in der prähospitalen und akutmedizinischen Gesundheitsversorgung mit Unterstützung von öffentlichen Fördermitteln die Potenziale der Anwendung von UAS. Der Innovationsprozess wird maßgeblich von politischen Akteuren gesteuert. Nationale Innovationsförderung geht besonders von den Bundesministerien für Gesundheit sowie für Verkehr und Digitale Infrastruktur aus, die mit ihren Projektausschreibungen eine praxisorientierte Förderung verfolgen. In Einzelfällen treten Einrichtungen der Bundesländer und industrielle Institutionen unterstützend hinzu. Die bisher üblichen Förderzeiträume sind für Forschungsprojekte häufig kurz, die Summe bewilligter Fördergelder liegt bis auf wenige Ausnahmen im unteren sechsstelligen Bereich. Gegenstand der geförderten Projekte sind Nutzungsszenarien in allen medizinischen Sektoren, wobei ein Schwerpunkt auf dem Transport von Labor- und Gewebeproben erkennbar ist.

Literatur

von Bandemer, S., Merkel, S., & Nimako-Doffour, A. (2012). *Medizinisch-technische Innovationen in der Gesundheitswirtschaft am Beispiel der Neuen Untersuchungs- und Behandlungsmethoden.* Forschung Aktuell, Institut Arbeit und Technik (IAT), Westfälische Hochschule, Issue 4/2012.

Bauer, H. (2010). *Medizinische Innovation gleich Fortschritt?* Herder, Konrad-Adenauer-Stiftung.

BMVI. (2020). *Unbemannte Luftfahrsysteme und innovative Luftfahrtkonzepte.* Bundesministerium für Verkehr und digitale Infrastruktur.

Corsten, H., Gössinger, R., Schneider, H., & Müller-Seitz, G. (2016). *Grundlagen des Technologie- und Innovationsmanagements.* Franz Vahlen GmbH.

Fleßa, S. (2018). *Systemisches Krankenhausmanagement.* de Gruyter Oldenbourg.

Fleßa, S., Aichinger, H., & Bratan, T., (2020). *Innovationsmanagement diagnostischer Geräte am Beispiel der Detektion zirkulierender Tumorzellen.* Gesundheitsökonomie & Qualitätsmanagement.

Hauschild, J., Salomo, S., Schultz, C., & Kock, A. (2016). *Innovationsmanagement.* Franz Vahlen.

Kühn, F. (2017). *Die demografische Entwicklung in Deutschland*. https://www.bpb.de/politik/innenpolitik/demografischer-wandel/. Zugegriffen am 02.12.2020.

Löschner, U., & Fleßa, S. (2017). *Adoption von Innovationen im Gesundheitswesen – Von der Idee zur Standardlösung*. s.n.

Mirow, C., Hölzle, K., & Gemünden, H. G. (2007). Systematisierung, Erklärungsbeiträge und Effekte von Innovationsbarrieren. *Journal für Betriebswirtschaft, 57*, 101–134.

Röper, J., Krohn, M., Fleßa, S., & Thies, K. (2020). *Costing of helicopter emergency services- a strategic simulation based on the example of a German rural region. Health Economics Review, 10*(34).

Witte, E. (1973). *Organisation für Innovationsentscheidungen*. Otto Schwartz & Co.

Wübker, A. (2018). Herausforderungen im Gesundheitswesen in Regionen mit sinkenden Bevölkerungszahlen. *Wirtschaftsdienst, 98*(5), 372–374.

Allgemeine rechtliche Rahmenbedingungen für die Nutzung von UAS

2

Mina Baumgarten, Oliver Heinrich, Felix Schwarz
und Paul Studt

2.1 Nationales Recht

Auf nationaler Ebene wird der Betrieb von UAS luftrechtlich maßgeblich durch das Luftverkehrsgesetz (LuftVG), die Luftverkehrs-Ordnung (LuftVO) und die Luftverkehrs-Zulassung-Ordnung (LuftVZO) geregelt. Auf europäischer Ebene sind die Delegierte Verordnung (EU) 2019/945 und die Durchführungsverordnung (EU) 2019/947 anzuwenden (s. dazu Abschn. 2.2), wobei erstere maßgeblich die Konstruktion und Herstellung von UAS zum Gegenstand hat und zweite insbesondere detaillierte Bestimmungen für den Betrieb von UAS sowie für das Personal enthält. Die Durchführungsverordnung (EU) 2019/947 gilt seit 31. Dezember 2020 unmittelbar in den Mitgliedsstaaten. Anpassungen an das neue Recht wurden zwischenzeitig in das LuftVG und die LuftVO übernommen und sind seit Juli 2021 anwendbar.

Für den Betrieb von UAS im Gesundheitswesen sind insbesondere die Regelungen zur Betriebserlaubnis in §§ 21a, 21b und 21k und zu den Betriebsverboten in § 21h LuftVO relevant, die nachfolgend näher erläutert werden.

Behördenprivileg des § 21k LuftVO
§ 21h Abs. 3 LuftVO statuiert eine Reihe von Ge- und Verboten, die bei Betrieb von unbemannten Luftfahrzeugen in bestimmten geografischen Gebieten zu beachten sind. Da-

M. Baumgarten (✉)
Klinik für Anästhesiologie, Universitätsmedizin Greifswald, Greifswald, Deutschland

O. Heinrich · F. Schwarz · P. Studt
BHO Legal, Köln, Deutschland
E-Mail: felix.schwarz@bho-legal.com

© Der/die Autor(en), exklusiv lizenziert durch Springer Fachmedien Wiesbaden
GmbH, ein Teil von Springer Nature 2022
M. Baumgarten et al. (Hrsg.), *Unbemannte Flugsysteme in der medizinischen Versorgung*, https://doi.org/10.1007/978-3-658-35372-8_2

nach darf eine Vielzahl von Orten und Gebieten nicht überflogen werden. Auch hinsichtlich der zulässigen Nutzlast gibt es Vorgaben. Diese geografischen Beschränkungen und
auch die Genehmigungserfordernisse nach §21i LuftVO und nach Art. 12 der Durchführungsverordnung (EU) 2019/947 finden ausweislich § 21k Abs. LuftVO jedoch keine Anwendung, wenn der Betrieb durch eine Behörde im Rahmen ihrer Aufgaben oder durch
Organisationen mit Sicherheitsaufgaben im Zusammenhang mit Not- und Unglücksfällen
sowie Katastrophen erfolgt (nachfolgend zusammenfassend als „Behördenprivileg" bezeichnet). Dies ist gerade im Rettungsbereich relevant, denn dort kommen naturgemäß Behörden und Organisationen mit Sicherheitsaufgaben (BOS) als Betreiber von UAS in Betracht. Behörden können aber auch öffentliche Krankenhäuser im Rahmen ihrer
öffentlichen Aufgabe zur Gesundheitsvorsorge, Notfallversorgung und Forschung sein –
wie bspw. die Universitätsmedizin Greifswald (UMG). Diese unterliegen somit nicht den
geografischen Betriebsbeschränkungen und dem Genehmigungserfordernis der §§ 21k
und 21i Abs. 1 LuftVO.

Vom Behördenprivileg profitieren zudem Dritte, wenn sie Aufgaben unter Aufsicht der
Behörde bzw. Organisation mit Sicherheitsaufgaben durchführen. Anforderungen an
die Qualität der Aufsicht werden in der Verordnung nicht genannt. Unter Berücksichtigung der Sicherheitsrisiken für andere Teilnehmer des Luftraums und der möglichen Verletzung wesentlicher Rechtsgüter wie Leib und Leben, dürften die Anforderungen an die
Aufsicht allgemein nicht zu niedrig anzusetzen sein. Zudem geht aus der Gesetzesbegrün-
dung zur LuftVO hervor, dass der Einsatz des privaten Betreibers beaufsichtigt werden
muss und die Behörde für dessen Handlungen die Verantwortung trägt. Vor diesem Hintergrund dürfte eine bloße Aufgabenübertragung auf einen Privaten für den Betrieb unter
Aufsicht im Sinne der LuftVO nicht genügen. Vielmehr wird ein gewisses Maß an Kontrolle auch nach der Aufgabenübertragung erforderlich bleiben. Damit eine Aufgabenübertragung die Behörde aber auch sinnvoll entlasten kann, sollten die Kontrollanforderungen
gleichzeitig nicht überspannt werden. Ihr Maß muss immer so hoch sein, wie es die Sicherheitsanforderungen des Einsatzes verlangen. Diese Erwägungen sollen anhand zweier
Extreme veranschaulicht werden:

Szenario 1: Dritte erhalten nur den behördlichen Auftrag zu fliegen. Eine vorherige Eig-
    nungsprüfung erfolgt ebenso wenig wie irgendeine Leistungsüberwachung.
Fazit: Hier wird man zweifellos davon ausgehen können, dass keine Aufsicht im Sinne der
    LuftVO gegeben ist.
Szenario 2: Die Behörde überprüft vorab die Leistungsfähigkeit, plant die Flüge, über-
    wacht deren Durchführung in Echtzeit mit Eingriffsmöglichkeit und wertet die
    Flüge aus.
Fazit: Hier wird man wohl von einer Aufsicht im Sinne der LuftVO ausgehen können.

Das Fazit fehlender Aufsicht in Szenario 1 leuchtet ohne weiteres ein. Demgegenüber stellt Szenario 2 wohl deutlich ein Fliegen unter Aufsicht dar, für welches die Behörde auch ohne weiteres die Verantwortung übernehmen kann. Allerdings stellt sich die Frage, ob einzelne Tätigkeiten der Behörde im Szenario 2 nicht reduziert werden könnten, damit die Aufgabenübertragung auf Dritte einen größeren Mehrwert gegenüber der Selbstausführung der Behörde hat.

Einer Aufgabenübertragung vorausgehen sollte jedenfalls immer eine Eignungsprüfung des Auftragnehmers, wie diese bereits bei der Aufgabenübertragung auf Dritte im Bereich der Luftrettung gang und gäbe ist. Relevante Kriterien sollten hierbei die allgemeine Fähigkeit zum Führen von UAS nach den luftrechtlichen Vorschriften, Nachweise über die Lufttüchtigkeit der eingesetzten Systeme, deren Überwachung und Wartung, Prozesse, inkl. Dokumentation der Flugplanung und -durchführung, und darüber hinaus besondere Fähigkeiten in Anbetracht der übertragenen Aufgaben sein. Die Eignungsprüfung im Sinne einer Überwachung sollte darüber hinaus in regelmäßigen Abständen wiederholt werden. Der Auftragnehmer sollte von Einsätzen stets eine aussagekräftige Dokumentation anfertigen, welche der beauftragenden Stelle zuzuleiten ist, ebenso über besondere Vorkommnisse, auch außerhalb luftrechtlich ohnehin meldepflichtiger Zwischenfälle. Auf Behördenseite muss hierzu eine Prüfung, ggf. unter Hinziehung externer Fachleute erfolgen. Eine unmittelbare Flugüberwachung sollte hingegen nur in Ausnahmefällen erforderlich sein, wie zum Beispiel bei besonders schwierigen Einsätzen oder stichprobenhaft im Rahmen der wiederholten Eignungsprüfung oder bei Auffälligkeiten.

▶ **Zwischenergebnis** Betriebsbeschränkungen und Genehmigungserfordernisse nach §§ 21h and 21i LuftVO greifen nicht gegenüber Behörden und Organisation mit Sicherheitsaufgaben beim Betrieb im Rahmen ihrer Aufgaben und nicht gegenüber Dritten unter deren Aufsicht. Die Anforderungen an die Aufsicht über den Betrieb müssen maßvoll sein, damit der Mehrwert eines solchen Outsourcings nicht verloren geht. Auf der anderen Seite dürften die Anforderungen an die Aufsicht auch nicht zu gering angesetzt werden um Sicherheitsaspekten des Betriebs gerecht zu werden.

Allgemeines Betriebsverbot des Flugs außer Sichtweite (BVLOS) in der UAS-Betriebskategorie „offen"
Außer Sicht findet der Betrieb statt, wenn der Fernpilot nicht mehr in der Lage ist, das unbemannte Flugfahrzeug in ununterbrochenem, nicht unterstütztem Sichtkontakt aufrechtzuerhalten, um dessen Flugweg so zu steuern, dass Kollisionen mit anderen Luftfahrzeugen, Menschen und Hindernissen vermieden werden (Art. 2 S. 1 Nr. 8 i. V. m. Nr. 7 Durchführungsverordnung (EU) 2019/947).

Ein Flugbetrieb außer Sichtweite wird bei UAS-Einsätzen im Gesundheitswesen regelmäßig gegeben sein.

Geografische Betriebsbeschränkungen nach § 21h LuftVO – Überflugverbote
Sofern es sich bei dem Betreiber weder um Behörden oder Organisationen mit Sicherheitsaufgaben handelt noch eine hinreichende behördliche Aufsicht gegeben ist, sind die geografischen Beschränkungen des § 21h Abs. 3 S. 1 Nr. 1 bis Nr. 11 LuftVO und speziellen Vorschriften aus der Einrichtung von U-Space Lufträumen nach § 21k Abs. 4 LuftVO zu beachten.

Nach § 21h Abs. 3 LuftVO sind u. a. Mindestabstände zu Unglücksorten einzuhalten, was einem Notfalleinsatz entgegenstehen dürfte. Aus Artikel 4 Abs. 1 c) der Durchführungsverordnung (EU) 2019/947 ergibt sich außerdem das Gebot eines Betriebs in sicherer Entfernung zu Menschen und ein Verbot des Betriebs über Menschenansammlungen für die Betriebskategorie „offen". Allerdings sollten Dienstleistungen zumindest im Zusammenhang mit Unglücksorten und Katastrophengebieten ohnehin regelmäßig von BOS erbracht werden, sodass diese Restriktionen keine negativen Auswirkungen auf Betriebsmodelle haben sollten. Das Überflugverbot von Menschenansammlungen könnte sich hingegen negativ auf UAS-Einsätze im Gesundheitswesen auswirken, denn der Begriff der Menschenansammlung ist bereits bei einer Zusammenkunft ab 12 Personen (Vgl. Deutsche Flugsicherung, 2017) als erfüllt anzusehen.

Die Regelungen in § 21h Abs. 3 Nr. 3 bis 5 LuftVO verbieten, die darin genannten Gebäude, Infrastrukturen und Gebiete ohne Zustimmung der Betreiber bzw. der zuständigen Stelle zu überfliegen. Dies beeinträchtigt die Einsatzmöglichkeiten für nicht-privilegierte UAS in einer Weise, die einen im Vorhinein nicht planbaren Einsatz praktisch unmöglich werden lässt. Für UAS in der Gesundheitsversorgung zu beachten ist zudem die Betriebsbeschränkung für nicht-behördliche UAS in der Nähe von Krankenhäusern nach § 21h Abs. 3 Nr. 10 LuftVO. Ein Betrieb über bzw. mit weniger als 100 m seitlichem Abstand zu Krankenhäusern ist danach nur mit Genehmigung des Betreibers der Einrichtung oder in den begrenzten Fällen nach § 21i Abs. 1 LuftVO mit behördlicher Genehmigung zulässig, also die Nutzung des Luftraums keine Gefahr für die Sicherheit des Luftverkehrs oder zu einer Gefahr für die öffentlichen Sicherheit und Ordnung, insbesondere zu einer Verletzung der Vorschriften über den Datenschutz und den Natur- und Umweltschutz führen und der Schutz vor Fluglärm angemessen berücksichtigt ist.

Diese Ausnahmevoraussetzung für eine behördliche Genehmigung gelten darüber hinaus für sämtliche der in § 21h Abs. 3 LuftVO aufgeführten geografischen Beschränkungen. Dennoch bleibt das oben bereits angesprochene Problem bei Flügen ohne lange Vorlaufzeit bestehen. Dauergenehmigungen wären hingegen schon eher denkbar, da zumindest ein konkretes geografisches Gebiet Gegenstand der Genehmigung sein kann.

**Allgemeine geografische Betriebsbeschränkungen nach § 21h Abs. 3 Nr. 6 LuftVO –
Überflugverbot betr. Naturschutz**

Der Betrieb über Naturschutzgebieten ist nach § 21h Abs. 3 Nr. 6 LuftVO auf Fälle beschränkt, in denen die zuständigen Naturschutzbehörden Ausnahmegenehmigungen erteil-
en oder der UAS-Betrieb nach den landesrechtlichen Vorschriften abweichend geregelt
ist. Außerdem möglich ist der Betrieb, mit Ausnahme von Nationalparks, wenn der Betrieb nicht zu Zwecken des Sports oder der Freizeitgestaltung und in einer Höhe von mehr
als 100 Metern stattfindet, sowie wenn der Fernpilot den Schutzzweck des betroffenen
Schutzgebietes kennt und diesen in angemessener Weise berücksichtigt und die Luftraum-
nutzung durch den Überflug über dem betroffenen Schutzgebiet zur Erfüllung des Zwecks
für den Betrieb unumgänglich erforderlich ist. Diese letztgenannte Betriebsmöglichkeit
könnte zumindest für einen zeitkritischen Betrieb eine Möglichkeit zum Überflug darstellen. Allerdings wir eine Einzelfallprüfung der Anforderungen zu erfolgen haben.

Auf Länderebene scheint es dem Vernehmen nach allerdings Bestrebungen zu geben,
den Betrieb von UAS in Naturschutzgebieten vollständig zu verbieten. Ein solches Vorgehen würde die Betriebsmodelle schwer beeinträchtigen und ein erhebliches Innovations-
hemmnis darstellen. Daher ist unbedingt darauf hinzuwirken, dass entsprechende landesrechtliche Regelungen stets auch Ausnahmetatbestände für Einsätze im medizinischen
Bereich oder zumindest eine allgemeine Abwägungsmöglichkeit enthalten und niemals
absolut sind. Vereinzelt gibt es bereits jetzt landesrechtliche Regelungen betreffend
UAS-Einsätze in Naturschutzgebieten. Als Beispiel kann die Natura-2000-
Landesverordnung in Sachsen-Anhalt dienen, die UAS-Flüge in Natura-2000-Schutzgebieten
zwar grundsätzlich verbietet, jedoch auch Freistellungen von diesem Verbot vorsieht. Solche Ausnahmen gelten insbesondere für Einsätze im Bereich der Gefahrenabwehr nach
dem landesspezifischen Rettungsdienstgesetz (RettDG LSA). Es ist wichtig, dass bei Einführung weiterer Verbote in anderen Bundesländern derartige Ausnahmen ebenfalls die
Regel darstellen, damit die Weiterentwicklung der Nutzung von UAS in diesem Bereich
nicht beeinträchtigt wird.

**Allgemeine Betriebsbeschränkung nach § 21h Abs. 3 Nr. 7 LuftVO – Überflug von
Wohngrundstücken**

Der Betrieb von UAS über Wohngrundstücken ist erheblich eingeschränkt. Er ist nur in
den von der Vorschrift aufgeführten vier Fällen zulässig: (a) die durch den Betrieb über
dem jeweiligen Wohngrundstück in seinen Rechten betroffene Eigentümer oder sonstige
Nutzungsberechtigte hat dem Überflug ausdrücklich zugestimmt, oder (b) die Startmasse
des unbemannten Fluggerätes übersteigt nicht 250 Gramm und es verfügt über keine Aus-
rüstung zu optischen und akustischen Aufzeichnungen und Übertragungen sowie zur Aufzeichnung und zur Übertragung von Funksignalen Dritter nicht in der Lage sind, oder der

Betrieb findet in eine Mindestflughöhe von 100 m, nicht zwischen 22:00 und 6:00 Ortszeit, hält Immissionsrichtwerte nach Nummer 6.1 der Technischen Anleitung zum Schutz gegen Lärm ein, hält sich an den Datenschutz und ist für en berechtigten Betriebszweck erforderlich, zu dem die Zustimmung vom Berechtigten nicht in zumutbarer Weise eingeholt werden kann. Für den medizinischen UAS Einsatz bieten die mit der Anpassung an EU Recht im Juli 2021 erfolgten Betriebsmöglichkeiten eine Erleichterung gegenüber der früheren, noch restriktiveren Regelung nach § 21b Abs. 1 Nr. 7 LuftVO (alte Fassung), zumal davon auszugehen ist, dass Einsätze von Notfalldrohnen ohne privilegiert und damit ohne geografischen Einschränkung möglich sind. Problematisch bleibt aber ein Betrieb z.B. beim regelmäßigen Transport von medizinischen Gütern außerhalb eines BOS-Szenarios. Von einem genehmigungsfreien Flug nach o.g. Buchstaben b) ist bei im Gesundheitswesen eingesetzten UAS nicht auszugehen. Das Ausnahmeszenario c) birgt das Risiko, der zumutbaren Möglichkeit der Einholung der Genehmigung der Nutzungsberechtigten (abgesehen von den weitere Betriebsanforderungen). Die die Möglichkeit nicht ausgeschlossen werden, ist die Genehmigung einzuholen. Somit dürften sich die Tatbestände auf Buchstabe a) konzentrieren – also das Zustimmungserfordernis. Danach ist der Betrieb über Wohngrundstücken nur zulässig, wenn die in ihren Rechten betroffenen Eigentümerinnen und Eigentümer oder sonstigen Nutzungsberechtigten dem Überflug ausdrücklich zugestimmt haben. Das dürfe den nicht-privilegierten Betrieb von UAS über Wohngrundstücken praktisch unmöglich machen, jedenfalls bei Einsätzen ohne lange Vorlaufzeit. Selbst, führen die Anforderungen der Zustimmung einem erheblichen Planungsaufwand, der bei hoher Besiedlungsdichte kaum wirtschaftlich durchführbar sein dürfte. Während Besitzverhältnisse noch über (gebührenträchtige) Grundbuchrecherchen aufgeklärt werden könnten, ist dies in Bezug auf „Nutzungsberechtigte" kaum machbar. Zu den „Nutzungsberechtigten" zählen Mieterinnen und Mieter, aber auch Personen mit Wegerecht und andere Nießbrauchberechtigte dürften in diese Kategorie fallen. Allein diese lückenlos zu identifizieren ist praktischen Grenzen unterworfen. Hinzu kommt, dass Nutzungsberechtigte zumindest über längere Zeiträume nicht konstant bleiben. Es ist somit eine dauerhafte Recherche zum Nachhalten der Nutzungsberechtigten erforderlich. Diese Problematik erhöht sich mit steigender Zahl der Nutzungsberechtigten, deren initiale Feststellung schon schwierig genug sein dürfte. Die bereits aufgezeigten Schwierigkeiten berücksichtigen noch nicht einmal die Anforderung der ausdrücklichen Zustimmung, die auch noch zu erfüllen ist.

Auch zu diesem Verbot ist eine Ausnahmegenehmigung der zuständigen Landesluftfahrbehörde möglich. Sie unterliegt aber ausweislich den Musteranforderungen (Vgl. Deutsche Flugsicherung, 2021) und damit hohen Hürden. Antragstellende müssen danach begründen, weshalb in den Fällen, in denen sie eine Zustimmung „hätten einholen können, dies nicht geschehen ist". Man sollte annehmen, dass, wenn Antragstellende eine Zustimmung hätte einholen können, dies auch von ihnen erwartet wird. Die Formulierung ist daher vermutlich eher darauf gerichtet zu erfahren, ob (a) eine Zustimmungseinholung versucht wurde und woran diese gescheitert ist. Oder (b) aus welchem Grund eine Zustimmungseinholung überhaupt nicht erst unternommen wurde. Daraus ergibt sich dann eine Grundlage zur Abwägung der Behörde, ihrerseits die Zustimmung zu erteilen. Somit ist auch diese Möglichkeit der Ausnahmegenehmigung mit hohen Hürden verbunden. Gerade in stärker besiedelten Gebieten bleibt abzuwarten, ob die Behörden von der Möglichkeit Gebrauch machen. Zu groß könnte das Risiko sein, sich Haftungsrisiken gegenüber den Nutzungsberechtigten auszusetzen.

Für nur in gesonderten Einsatzszenarien wie AED-, Blut- und Gewebetransport relevanten Betriebsverbote wird auf die entsprechenden Kapitel 3,4 und 5 verwiesen.

▶ **Ergebnis** Die Betriebsbeschränkungen von Drohnen über Wohngrundstücken sind nach § 21h Abs. 3 Nr. 7 LuftVO für den nicht-privilegierten Betrieb in der praktischen Auswirkung weiterhin sehr restriktiv. Ein spontaner Betrieb dürfte nahezu unmöglich sein. Gerade die Möglichkeit zur Einholung von Zustimmungen stößt an praktische Grenzen, insbesondere je dichter die Besiedelung im Einzelfall ist. Für privilegierte Betreiber gelten auch künftig die vorstehend genannten Betriebsbeschränkungen nicht. Aufgrund dessen kommt somit im Ergebnis lediglich ein Betrieb durch Privilegiere Betreiber in Betracht. Umso wichtiger ist, dass die Anforderungen an die Voraussetzung des Betriebs „unter Aufsicht", wie bereits dargestellt, konkretisiert werden, damit dieses gesellschaftlich relevante Anwendungsfeld auch von privaten Betreibern erschlossen werden kann und ein skalierbarer Betrieb ermöglicht wird.

2.2 EU-Recht

Wie bereits in Abschn. 2.1 angesprochen, gibt es nun mit der Verordnung (EU) 2018/1139 (nachfolgend „Basic Regulation") und der auf ihr basierenden Delegierten Verordnung (EU) 2019/945 sowie der Durchführungsverordnung (EU) 2019/947 auch auf europäischer Ebene Regelungen, die bei Einsatz von UAS zu beachten sind. Zunächst ungeklärt schien die Frage, ob diese Rechtsakte auch für den Einsatz von UAS in der Gesundheitsversorgung Geltung entfalten. Wäre dies der Fall gewesen, hätte der Inhalt der Verordnungen einem Fortgelten des Behördenprivilegs entgegenstehen können, da ihre Vorgaben bezüglich des UAS-Betriebs unabhängig von der Frage gelten, ob dieser durch eine Behörde oder andere Betreiber (unter Aufsicht) durchgeführt wird.

Mittlerweile ist jedoch geklärt, dass der in Art. 2 Abs. 3 S. 1 lit. a) Basic Regulation statuierte Anwendungsausschluss der EU-Verordnungen in Deutschland in einer Weise ausgestaltet werden soll, dass sämtlichen behördlichen Betreibern sowie Organisationen mit Sicherheitsaufgaben weiterhin eine Privilegierung nach § 21k LuftVO eingeräumt wird. Der Anwendungsausschluss ist also nicht auf die in Art. 2 Abs. 3 S. 1 lit. a) Basic

Regulation explizit genannten Einsätze (z. B. von Such- und Rettungsdiensten) beschränkt. Über den Passus „ähnliche Tätigkeiten oder Dienste" werden vielmehr auch sämtliche andere behördliche Einsätze zur Erfüllung ihrer Aufgaben erfasst, z. B. solche im Regelbetrieb von öffentlichen Krankenhäusern. Entsprechend findet sich in § 21k LuftVO im nationalen Luftrecht die Privilegierung, die unterschiedslos für BOS gilt.

Opt-In und Sicherheitsziele
Gegenüber den privilegierten BOS bleiben aber auch die inhaltlichen Vorgaben der Basic Regulation nicht gänzlich unbeachtet. Denn gem. Art. 2 Abs. 3 S. 2 Basic Regulation sind auch bei der Durchführung von Tätigkeiten und Diensten, die von ihrem Anwendungsbereich ausgenommen sind, die Sicherheitsziele der Regulation angemessen zu berücksichtigen.

Weiterhin ergibt sich aus Erwägungsgrund Nr. 10 der Basic Regulation eine sogenannte Opt-In-Möglichkeit für Mitgliedstaaten. Dieser stellt ausdrücklich klar, dass es den Mitgliedstaaten freisteht, die Vorgaben der Basic Regulation und somit auch die auf ihr beruhende Durchführungsverordnung (EU) 2019/947 ebenfalls auf die Art. 2 Abs. 3 S. 1 lit. a) Basic Regulation genannten BOS anzuwenden. Darüber hinaus steht es den Mitgliedsstaaten nicht nur frei zu entscheiden, ob die Vorschriften angewendet werden, sondern auch innerhalb welcher Grenzen.[1]

Gemäß § 21k LuftVO sind BOS von dem Genehmigungsvorbehalt in der speziellen Kategorie und von den Betriebsverboten nach § 21h LuftVO ausgenommen. Auf eine Ausnahme von weiteren Vorschriften wurde im nationalen Recht verzichtet. Insofern ist jedenfalls nicht ausdrücklich festgelegt worden, inwiefern Privilegierte Betreiber beispielsweise von der Durchführung einer geeigneten Risikoanalyse oder von weiteren Vorschriften ausgenommen sind.

▶   **Zwischenergebnis** Es kann als geklärt angesehen werden, dass der Anwendungsausschluss des Art. 2 Abs. 3 S. 1 lit. a) Basic Regulation auch für den Einsatz von unbemannten Luftfahrtsystemen in der Rettungs- oder Gesundheitsvorsorge einschlägig ist. Der neue europäische Rechtsrahmen steht dem Behördenprivileg des § 21k LuftVO nicht entgegen.

Künftige Erlaubnis- und Genehmigungsverfahren nach EU-Recht
Wenngleich der Ausnahmetatbestand des EU-Rechts im Bereich des Gesundheitswesens sehr weit ist, kann nicht vollständig ausgeschlossen werden, dass bestimmte Dienstleitun-

---

[1]Vgl. Teil II: Anwendungsszenarien für UAS in zukunftsfähigen medizinischen Versorgungskonzepten.

gen im Gesundheitswesen nicht auch der Einordnung als Durchführung einer hoheitlichen Tätigkeit unterliegen. Diesen Fällen widmen sich die nachfolgenden Ausführungen.

Seit dem 31. Dezember 2020 ist die Durchführungsverordnung (EU) 2019/947 anzuwenden. Danach ist der Betrieb von unbemannten Luftfahrzeugen, der außerhalb der Sichtweite des/der Steuernden stattfindet, entweder der Kategorie „speziell" oder der Kategorie „zulassungspflichtig" zuzuordnen. Für den Betrieb in der „speziellen" Kategorie sind Betreiber gemäß Artikel 5 Abs. 2 i. V. m. Artikel 11 der Durchführungsverordnung mit deren Anwendbarkeit dazu verpflichtet, eine Risikobewertung durchzuführen. Dabei wird die von JARUS (Joint Authorities for Rulemaking on Unmanned Systems) entwickelte Risikobewertung SORA (Specific Operational Risk Assessment) ausdrücklich als eine hierzu verwendbare „Acceptable Means of Compliance" (AMC1 – Annex I to ED Decision 2019/021/R) genannt. Der Prozess, sowie weitergehende Informationen, werden den Betreibern auf rund hundert Seiten der SORA bereitgestellt. Davon ist ein erheblicher Anteil nur in englischer Sprache verfügbar. Betreiber haben sich also vor Antragstellung mit diesem umfangreichen Regelwerk auseinanderzusetzen, müssen den Betrieb unter Ausführung des Einsatzgebietes im Rahmen eines Betriebskonzeptes beschreiben, das Boden- sowie Luftrisiko bestimmen und Maßnahmen zur Reduzierung dieser Risiken festlegen. Dabei gilt, je größer die Besiedelungsdichte im Einsatzgebiet und je größer die Wahrscheinlichkeit ist, bemannter Luftfahrt zu begegnen, desto mehr Maßnahmen zur Absicherung des UAS-Betriebes müssen ergriffen werden.

Werden in einem medizinischen UAS-Einsatzbereich mehrere Dienstleistende eingesetzt, müsste für jeden UAS-Betrieb eine entsprechende Risikobewertung durchgeführt werden. Diese kann nicht ohne weiteres auf andere Regionen übertragen werden, da stets für das jeweilige Einsatzgebiet das Boden- und Luftrisiko bewertet werden muss. Insofern ist die Übertragbarkeit einer Betriebsgenehmigung vorerst ausgeschlossen. Es ist davon auszugehen, dass auch behördliche Betreiber oder Dritte unter deren Aufsicht eine Risikobewertung werden durchführen müssen, da nur auf diese Weise die Einhaltung der Sicherheitsziele der EU-Verordnungen sichergestellt werden kann. Da die EASA-Basic Regulation auf Behördentätigkeiten im Gesundheitswesen keine Anwendung findet (vgl. oben Abschn. 2.2), sollten die Mitgliedstaaten einen eigenen Gestaltungsspielraum haben, mit Anforderungen zur Risikobewertung, durch den die Sicherheitsziele erreicht werden können.

Grundsätzlich ist es richtig, dass sich Betreiber intensiv mit dem UAS-Betrieb, der Qualifikation des Personals, dem Einsatzgebiet und entsprechenden Risiken auseinandersetzen. Allerdings sollten Aufwand und Nutzen abgewogen werden. Hier stellt sich die Frage, inwieweit Betriebsgenehmigungen übertragbar sind und ob es Möglichkeiten der Vereinfachung gibt. Dieses Bedürfnis besteht insbesondere im spontanen Notfalleinsatz. Die Schwierigkeit rührt dort aus der inhärenten Dynamik. Notfalleinsätze müssen schnell auf Anforderungen reagieren können. Eine Standardisierung im Sinne vergleichbarer

Use-Cases, wie sie gerade in der „speziellen" Kategorie die Einwilligungs- und Genehmigungsverfahren erleichtern soll, wird nur sehr eingeschränkt möglich sein. Umso wichtiger ist es, gemeinsame Nenner zu identifizieren, bei deren Einhaltung eine Generalgenehmigung möglich ist.[2]

Für die Genehmigung zuständige Behörde
Auch mit dem Geltungsbeginn der Durchführungsverordnung (EU) 2019/947 seit dem 31. Dezember 2020 bleiben die Landesluftfahrtbehörden grundsätzlich für die Aufsicht über den Betrieb von UAS in der Kategorie „offen" und die Erteilung von Genehmigungen gegenüber den geografischen Beschränkungen zuständige Behörden. Die Übertragung dieser Verwaltungszuständigkeit an die Länder nach § 31 Absatz 2 Nr. 16a., 16b. und 16c. LuftVG gilt nun ausdrücklich für die „offene" und auch für die „spezielle" Betriebskategorie sowie für die Ausnahmen der geografischen Beschränkungen. Ihre Zuständigkeiten bestehen damit jedenfalls insoweit weiterhin, als die Erlaubnis- und Verbotstatbestände des § 21a LuftVO und des § 21b LuftVO nicht im Anwendungsbereich des vorrangigen EU-Rechts von diesem verdrängt wurden. Zuständige Behörde ist nach §§ 21a Abs. 3, 21c, und 21i LuftVO weiterhin die örtlich zuständige Luftfahrtbehörde des Landes. Für UAS in der Betriebskategorie "zulassungspflichtig" ist nach § 21c LuftVO das Luftfahrt-Bundesamt zuständig.

▶   **Ergebnis** Die Landesluftfahrtbehörden bleiben weiterhin die für die Erteilung von Genehmigungen im Bereich der Betriebskategorie „offen" und „speziell" die zuständige Behörde. Manche Landesluftfahrtbehörden, wie z.B. von Nordrhein-Westfalen haben aber von der Möglichkeit der Rückübertragung der Aufgaben an den Bund Gebrauch gemacht. In diesen Fällen ist dann wieder das LBA zuständig, was einer unmittelbaren Vereinheitlichung der Genehmigungshandhabung zugute kommen dürfte.

2.3   Berücksichtigung des Datenschutzes

Gegenstand der datenschutzrechtlichen Prüfung
Die hier spezifisch auf den Einsatz von UAS ausgelegten drei Anwendungen „Notfallversorgung", „Blutprodukte" und „Transport von Labor- und Gewebeproben" (siehe Abschn. 2.3) sind bereits heute sowohl boden- als auch luftgebunden verfügbar. Datenschutzrechtlich macht es im Hinblick auf die Frage, welche personenbezogenen Daten zu welchem Zweck verarbeitet werden dürfen, keinen Unterschied, ob das Gerät (AED) oder aber die Proben (Labor-/Gewebeprobe) mittels UAS oder aber herkömmlich boden- oder luftgebunden transportiert werden, da die Verarbeitung zum selben Zweck und in dersel-

---

[2]Vgl. Abschn. Teil *II: Anwendungsszenarien für UAS in zukunftsfähigen* medizinischen Versorgungskonzepten.

ben Art und Weise erfolgt. Daher konzentrieren sich die nachfolgenden Ausführungen auf UAS-spezifische Datenverarbeitungen bzw. Risikoszenarien.

Anwendbarkeit des Datenschutzrechts („personenbezogene Daten") im Allgemeinen

Die Datenschutz-Grundverordnung (DSGVO) und das nationale Datenschutzrecht kommen nur dann überhaupt zur Anwendung, wenn *„personenbezogene Daten"* verarbeitet werden. Rein sachbezogene Daten (z. B. die technischen Eigenschaften eines UAS) fallen nicht in den Anwendungsbereich des Datenschutzrechts.

„Personenbezogene Daten" sind alle Informationen, die sich auf einen identifizierten oder identifizierbaren Menschen beziehen. Dies ist weit zu verstehen. Nicht nur Name, Geburtsdatum und Anschrift, sondern auch andere Daten, die einer Person zugeordnet werden können, fallen darunter. Sofern eine Person durch bestimmte Merkmale identifizierbar ist, kommt es nicht mehr darauf an, dass die Person beim Namen genannt wird (z. B. „der große Sanitäter vom Roten Kreuz mit schwäbischem Akzent").

Im Regelbetrieb können insbesondere bei Videoübertragungen und -aufnahmen personenbezogene Daten verarbeitet werden. Sofern Personen auf Videoaufnahmen zu erkennen sind (bspw., weil die Kamera das Gesicht erfasst), handelt es sich um personenbezogene Daten. Die Videoübertragung stellt bereits ein „Erfassen" personenbezogener Daten dar. Daher kommt es für die Einordnung einer Information als personenbezogenes Datum nicht darauf an, ob die Information mitsamt dem Video gespeichert wird. Es genügt die einfache Übertragung.

Datenschutzrechtliche Zulässigkeit der Erfassung der Umgebung mit der Kamera eines UAS

Vorliegen personenbezogener Daten

Bei Videoübertragungen und -aufzeichnungen während des Starts und der Landung, bei der Be- und Entladung des UAS sowie beim eigentlichen Flug dürften regelmäßig personenbezogene Daten zumindest der Beteiligten (UAS-Steuernde, medizinisches Personal, beim Einsatz an einer Unfallstelle auch die verletzte Person) verarbeitet werden, da diese den Betreibern des UAS in der jeweiligen Anwendung bekannt sein werden.

Sind auf den Videoübertragungen unbeteiligte Personen erkennbar, handelt es sich ebenfalls um personenbezogene Daten. Dies ist insbesondere denkbar, wenn bspw. PKW-Kennzeichen oder Personen auf Grundstücken miterfasst werden. Die einmalige Erfassung einer Person ohne unmittelbare Erkennbarkeit, dürfte die Definition des personenbezogenen Datums meistens noch nicht erfüllen. Bei einem mehrfachen Erfassen im Rahmen wiederholter Flüge dürfte jedoch der Rückschluss möglich sein, dass die Person dort wohnhaft ist und somit ein Personenbezug zu bejahen sein. Dies gilt unabhängig davon, ob eine entsprechende Erfassung beabsichtigt ist oder nicht.

Letztendlich ist davon auszugehen, dass im Rahmen des Regelbetriebs insgesamt personenbezogene Daten von Beteiligten sowie unbeteiligter Dritter verarbeitet werden.

Anwendbares Datenschutzrecht

Die datenschutzrechtlichen Regelungen, die auf die Betriebstätigkeiten im jeweiligen Fall Anwendung finden, sind vorrangig die Regelungen der DSGVO. Sofern es sich beim Betreiber um eine Behörde und damit um eine „öffentliche Stelle" eines Landes handelt, gilt darüber hinaus ebenfalls das Datenschutzgesetz des jeweiligen Bundeslandes, bspw. das Datenschutzgesetz MV im Fall der Universitätsmedizin Greifswald.

Verarbeitung personenbezogener Daten

Der jeweilige Regelbetrieb kann grundsätzlich in zwei Abschnitte unterteilt werden, und zwar (1) den Start und die Landung (mitsamt Be- und Entladung des UAS) sowie (2) den Flug zum Ziel und zurück.

2.4   Start und Landung von UAS (mitsamt Be- und Entladung)

Während des Starts und der Landung von UAS ist es möglich, dass einzelne Personen von dessen Kamera erfasst werden bzw. im Rahmen der Dokumentation sonstige Bilder angefertigt werden. Sofern die Personen erkennbar sind oder die Identifizierung über weitere Informationen (z. B. zusätzliches Wissen der Beteiligten, Protokolle, weitere Bilder) möglich ist, handelt es sich um die Verarbeitung personenbezogener Daten. Betroffene dürften regelmäßig Mitarbeitende der beteiligten Kliniken und Labore sowie der Rettungsdienste sein. Die zufällige Erfassung Unbeteiligter ist jedoch ebenfalls nicht ausgeschlossen.

2.5   Flug zum Ziel und zurück

Die Flugstrecken werden zumindest teilweise über bewohnte bzw. belebte Gebiete führen. Sofern die Kamera des UAS nach dem Aufstieg so weit wie möglich in Flugrichtung zeigt und nicht auf das Geschehen am Boden fokussiert ist, dürften erkennbare oder identifizierbare Personen in den überwiegenden Fällen nicht erfasst werden, ausgeschlossen ist dies jedoch nicht. Dies gilt insbesondere, wenn grundsätzlich nicht erkennbare Personen in abgegrenzten Grundstücksteilen, wie z. B. Gärten hinter dem Haus, wiederholt erfasst werden. In diesem Fall dürfte ein Personenbezug zu bejahen sein.

Rechtmäßigkeit der Verarbeitung personenbezogener Daten
Grundsatz des Verbots der Datenverarbeitung mit Erlaubnisvorbehalt

Die Verarbeitung personenbezogener Daten ist grundsätzlich verboten, es sei denn, sie ist den für die Verarbeitung Verantwortlichen (Vgl. Kühling & Buchner, 2020, Art. 6 Rn. 11.) aufgrund einer Rechtsgrundlage ausdrücklich gestattet.

Mögliche Rechtsgrundlagen zur Verarbeitung personenbezogener Daten

Allgemein sind die Rechtsgrundlagen, welche die Verarbeitung personenbezogener Daten erlauben, in Artikel 6 Abs. 1 S. 1 DSGVO genannt. Demnach ist eine Verarbeitung zulässig, wenn

a) die Person, deren Daten verarbeitet werden, in die Verarbeitung eingewilligt hat, oder
b) die Verarbeitung für die Erfüllung eines Vertrags, den die Person, deren Daten verarbeitet werden, erforderlich ist (z. B. muss der Versandhandel die Adressdaten der Kunden verarbeiten, um die Waren an diese zu liefern), oder
c) die Verarbeitung zur Erfüllung einer rechtlichen Verpflichtung, der Verantwortliche unterliegen, erforderlich ist, oder
d) die Verarbeitung erforderlich ist, um lebenswichtige Interessen der betroffenen Person oder einer anderen Person zu schützen, oder
e) die Verarbeitung für die Wahrnehmung einer Aufgabe erforderlich ist, die im öffentlichen Interesse liegt oder in Ausübung öffentlicher Gewalt erfolgt, die den Verantwortlichen übertragen wurde (z. B. Videoüberwachung von öffentlichen Gebäuden), oder
f) die Verarbeitung zur Wahrung der berechtigten Interessen der Verantwortlichen oder von Dritten erforderlich ist.

Zu a): Mit Blick auf die Einwilligung aller betroffenen Personen in die Datenverarbeitung ist bereits problematisch, dass diese immer freiwillig erteilt werden muss und die Einwilligung daher nicht eingefordert werden und im Übrigen auch jederzeit widerrufen werden kann. Zum anderen wird man von grundsätzlich unbeteiligten Dritten in der Praxis kaum eine Einwilligung erhalten können. Die Einwilligung als mögliche Rechtsgrundlage wird hier daher erst einmal nicht weiterverfolgt.

Zu b): Die Beschäftigten des UAS-Betreibers haben einen (Anstellungs-)Vertrag, auf dessen Grundlage personenbezogene Daten verarbeitet werden können. Dabei ist aber zu berücksichtigen, dass aufgrund der Regelungskompetenz der nationalen Gesetzgebung nicht (nur) die DSGVO heranzuziehen ist, sondern bei Landesbehörden das jeweilige Landesdatenschutzgesetz (z. B. § 10 DSG M-V für die UMG) und bei privaten Betreibern (z. B. eines Labors) das Bundesdatenschutzgesetz (BDSG) maßgeblich ist (§ 26 BDSG). Zu sonstigen Beteiligten sowie Unbeteiligten dürfte grundsätzlich kein Vertragsverhältnis bestehen. Im Datenschutzrecht reicht allerdings nicht irgendein Vertragsverhältnis, sondern nur ein Vertragsverhältnis zwischen für die Verarbeitung Verantwortlichen und der Person, deren Daten verarbeitet werden. Jedenfalls im Hinblick auf diese Personen kann ein Vertrag nicht als Rechtsgrundlage für die Verarbeitung personenbezogener Daten herangezogen werden.

Zu c): Grundsätzlich wäre es naheliegend anzunehmen, dass die Daten im Regelbetrieb zur Erfüllung einer rechtlichen Verpflichtung verarbeitet werden. Tatsächlich kann diese

Rechtsgrundlage aber nur dann herangezogen werden, wenn gerade die Verarbeitung Gegenstand der rechtlichen Verpflichtung ist, und nicht, wenn die Daten „lediglich" im Rahmen der Erfüllung einer rechtlichen Verpflichtung verarbeitet werden. Im Regelbetrieb der Anwendungsfälle werden die Daten nicht „zur" Erfüllung einer rechtlichen Verpflichtung verarbeitet, sondern „bei" einer ggf. bestehenden Pflicht zur Rettung oder zur Behandlung einer Person und damit „nur" in Ausübung der pflichtgemäßen Handlung. Daher kann die Datenverarbeitung nicht auf diese Rechtsgrundlage gestützt werden.

Zu d): Die Rechtsgrundlage der Datenverarbeitung zum Schutz lebenswichtiger Interessen eines Menschen kommt grundsätzlich in Betracht, soll aber nach den Erwägungsgründen zur DSGVO nur herangezogen werden können, wenn die Datenverarbeitung auf keine andere Grundlage gestützt werden kann. Da sich die Datenverarbeitung grundsätzlich auf andere Rechtsgrundlagen stützen lässt, ist ein Rückgriff auf diesen Erlaubnistatbestand nicht erforderlich.

Zu e): Sowohl das Rettungs- als auch das Gesundheitswesen sind Aufgaben, die im öffentlichen Interesse liegen und auch in Ausübung öffentlicher Gewalt erfolgen können, die Verantwortlichen, wie z. B. der UMG, übertragen wurde. Die Übertragung der Aufgabe und der zulässige Umfang der Datenverarbeitung ergibt sich wiederum aus dem spezifischen Landesrecht.

Zu f): Da sich öffentliche Stellen wie die UMG bei der Datenverarbeitung nach Artikel 6 Abs. 1 S. 2 DSGVO nicht auf berechtigte Interessen stützen können, scheidet diese Rechtsgrundlage für öffentliche Stellen aus. Für private Betreiber kommt sie jedoch in Betracht.

Datenverarbeitung im Beschäftigtenverhältnis, Artikel 6 Abs. 1 S. 1 b) DSGVO i. V. m. § 26 BDSG bzw. landesrechtlichen Regelungen

Im Hinblick auf das Personal der UAS-Betreiber lassen sich Videoübertragungen und -aufnahmen mitsamt Auswertung grundsätzlich auf die Regelungen zum Beschäftigtenverhältnis stützen. Die Teilnahme an den entsprechenden Operationen, Rettungsmaßnahmen sowie der Auswertung von Proben dürfte Teil des Beschäftigungsverhältnisses sein. Zudem sind die entsprechenden Videoübertragungen und -aufnahmen in den Nutzungsszenarien auch erforderlich (da z. B. eine Steuerung ohne Videoaufnahmen nicht oder nur sehr eingeschränkt möglich und der Flug auch im Falle der Vollautomatisierung zu überwachen ist, um im Notfall die manuelle Steuerung zu übernehmen). Wichtig ist aber, die allgemeine Verpflichtung zur Datenminimierung zu wahren, sodass nur zur Zweckerfüllung wirklich notwendige Daten verarbeitet werden. Die Verpflichtung zur Datenminimierung gilt für jede Verarbeitung personenbezogener Daten und damit auch für die folgenden Ausführungen, ohne dass dies wiederholt ausgeführt wird.

Datenverarbeitung zur Wahrnehmung einer Aufgabe, die im öffentlichen Interesse liegt oder in Ausübung öffentlicher Gewalt erfolgt, die dem Verantwortlichen übertragen wurde, Artikel 6 Abs. 1 S. 1 e) DSGVO

Sofern UAS-Betreibern durch Gesetz oder aufgrund eines Gesetzes die medizinische Behandlung einer Person und/oder das Rettungswesen übertragen wurde, ist zu fragen, ob die

Erfassung personenbezogener Daten im Rahmen der Durchführung des Fluges erforderlich – und damit auch zulässig – ist. Die Erlaubnis erstreckt sich auch auf Aufzeichnungen zur nachträglichen Nachverfolgung, z. B. zur Unfallanalyse oder zur Analyse der Flugrouten.

Die Erforderlichkeit im Sinne der Rechtsgrundlage ist – zumindest im behördlichen Tätigwerden – formal streng auszulegen und muss im Einklang mit den in den Art. 7 und Art. 8 GRCh (Charta der Grundrechte der Europäischen Union) verankerten Grundrechten stehen (Kühling & Buchner, 2020, Art. 6, Rn. 119), Ausnahmen und Beschränkungen in Bezug auf diese Grundrechte müssen sich nach gefestigter Rechtsprechung auf das absolut Notwendige beschränken.[3] Dies kann allerdings schon vorliegen, wenn eine Datenverarbeitung zu einer effizienteren Anwendung von Vorschriften führt. Vor diesem Hintergrund kann die Notwendigkeit erst recht bejaht werden, wenn die Datenverarbeitung zu einem faktisch effizienteren Einsatz führt – und dazu noch im öffentlichen Gesundheitsinteresse liegt, wie es vorliegend der Fall ist.

Dabei ist wiederum zu berücksichtigen, dass die Erfassung von Personen während der Durchführung der Flüge so gering wie möglich zu halten ist, bspw. indem Aufnahmen, sobald sie ausgewertet wurden und nicht mehr erforderlich sind, gelöscht werden. Bei Aufnahmen, die ggf. nachträglich zu Schulungszwecken verwendet werden sollen, sollten insbesondere Unbeteiligte nach Möglichkeit unkenntlich gemacht (z. B. durch Verpixeln der Gesichter) oder „ausgeschnitten" werden. Genauere Regelungen sowie technische und organisatorische Maßnahmen zum Schutz personenbezogener Daten sollten in einem auf Einsatz und Betreiber zugeschnittenen Nutzungskonzept festgelegt werden.

Datenverarbeitung ist zur Wahrung der berechtigten Interessen der Verantwortlichen oder Dritten erforderlich, Artikel 6 Abs. 1 S. 1 f) DSGVO
Private Betreiber könnten sich bei der Erfassung personenbezogener Daten im Rahmen der Durchführung des Fluges auf eigene berechtigte Interessen und die Interessen der Person, die medizinisch zu versorgen ist, berufen. Dabei ist neben der Prüfung der Erforderlichkeit eine Güterabwägung vorzunehmen, allerdings erfolgt die Datenverarbeitung zum Schutze der Gesundheit und des Lebens von Personen, sodass die Interessenabwägung jedenfalls bei „flüchtigen" Erfassungen von Personen zugunsten der Zulässigkeit ausschlagen wird.

Weitere Anforderungen des Datenschutzrechts
Wie vorstehend kurz dargestellt, ist die Datenverarbeitung in den Anwendungsfällen grundsätzlich zulässig. Allerdings sind die hier kurz skizzierten weiteren datenschutzrechtlichen Anforderungen zu beachten:

- Die Personen, deren Daten verarbeitet werden, sind darüber zu informieren, z. B. durch eine „Datenschutzerklärung". Dies betrifft die Beteiligten (Mitarbeitende der beteiligten Kliniken/Labore/Rettungsdienste und Verletzte) sowie Unbeteiligte, sofern deren personenbezogene Daten verarbeitet werden.

---

[3] Vgl. EuGH, Urt. v. 16.12.2008, Rs. C-73/07, – Satakunnan Markkinapörssi und Satamedia.

– Die Erklärung kann gegenüber Mitarbeitenden der beteiligten Kliniken/Labore/Rettungsdienste ohne weiteres erteilt werden. Werden die an den Flugstrecken lebenden Bewohnerinnen und Bewohner über die Flüge informiert, sollte daher die Datenschutzerklärung mit dem Hinweis, dass personenbezogene Daten im Rahmen der Auswertung nach Möglichkeit unkenntlich gemacht werden, Teil der Informationen sein. An den vorgesehenen Start- und Landeplätzen sollten Hinweisschilder, wie sie bei der Videoüberwachung üblich sind, angebracht werden.

– Gegenüber Unbeteiligten, die während des Fluges von der Kamera des UAS erfasst werden, kann die Erklärung nur schwer abgegeben werden. Es ist schließlich nicht ausgeschlossen, Personen zu erfassen, die lediglich im Einsatzgebiet arbeiten oder sich dort zum Urlaub, zu Besuch oder auf der Durchreise befinden. Die Zahl der identifizierbar erfassten Unbeteiligten dürfte sehr gering sein, allerdings gilt die Informationspflicht unabhängig von der Anzahl der Personen, deren Daten verarbeitet werden. Es kann daher nicht mit absoluter Sicherheit gewährleistet werden, dass von der Kamera eines UAS erfasste Personen hinreichend informiert werden können.[4] Verfolgt man einen pragmatischen Ansatz, sollte zu den vorstehend genannten Maßnahmen (Information der Öffentlichkeit, ggf. Flugblätter bei der Einführung des Regelbetriebs, Informationsübertragung durch das UAS selbst) eine gut erkennbare Datenschutzerklärung auf den Webseiten der Beteiligten vorgehalten werden (Vgl. Artikel-29 Datenschutzgruppe, WP231, 2015, Ziffer 3.5). Idealerweise findet vor Einführung des Regelbetriebs eine Absprache mit der jeweils zuständigen Datenschutzaufsicht statt.

• Betreiber von UAS sind verpflichtet, Verarbeitungstätigkeiten in einem entsprechenden Verzeichnis zu dokumentieren. Personenbezogene Daten sind durch technische und organisatorische Maßnahmen zu schützen. Solche Maßnahmen können zum Beispiel Datenverschlüsselung und Zugriffsbeschränkungen sein, die konkreten Maßnahmen haben sich an den Besonderheiten des Einzelfalls zu orientieren. Grundsätzlich gilt, dass ein höheres Niveau der technischen und organisatorischen Maßnahmen zu einer Erhöhung des datenschutzrechtlichen Schutzniveaus beiträgt und somit die Abwägung der datenschutzrechtlichen Aspekte umso mehr verstärkt. Schutzmaßnahmen sind kontinuierlich zu prüfen, bei Bedarf anzupassen und zu dokumentieren.

▶ **Ergebnis** Die in Abschn. 2.3 beschriebene Datenverarbeitung durch medizinische UAS ist datenschutzrechtlich zulässig möglich.

---

[4] Der Landesbeauftragte für den Datenschutz und die Informationsfreiheit Rheinland-Pfalz (2020).

Literatur

Der Landesbeauftragte für den Datenschutz und die Informationsfreiheit Rheinland-Pfalz. (2020). *Videoüberwachung mit Drohnen.* https://www.datenschutz.rlp.de/de/themenfelder-themen/videoueberwachung/videoueberwachung-mit-drohnen/. Zugegriffen am 02.12.2020.

Deutsche Flugsicherung. (2021-1-2248, NfL, 10. Juni 2021). *Allgemeinverfügung zur Erteilung von Flugverkehrskontrollfreigaben zur Durchführung von Flügen mit Flugmodellen und unbemannten Luftfahrtsystemen in Kontrollzonen von Flugplätzen nach § 27d Abs. 1 LuftVG an den internationalen Verkehrsflughäfen mit DFS-Flugplatzkontrolle.*

Kühling, J., & Buchner, B. (2020). *DS-GVO BDSG.* Beck.

Teil II

Anwendungsszenarien für UAS in zukunftsfähigen medizinischen Versorgungskonzepten

In allen Sektoren der Gesundheitsversorgung sind Transportvorgänge von medizintechnischen Geräten und Material erforderlich. Dies umfasst sowohl dringliche Transporte und den Notfalltransport als auch planbare Regeltransporte. Die Art des Transports definiert grundlegende Voraussetzungen für den erforderlichen Grad der Innovation, technische Implikationen sowie die dynamischen Zusammenhänge mit dem Versorgungssystem.

Für die in diesem Kapitel anhand der Projektbeispiele dargestellten Nutzungsszenarien konnte seitens der am Positionspapier beteiligten Projekte ein unterschiedlicher Projektstatus erhoben werden (Abb. 1). Während einige Nutzungsszenarien bereits in Pilotflügen erprobt wurden und einzelne hinsichtlich der Implementierungschancen weit fortgeschritten sind, sind andere bisher ausschließlich in der theoretischen Diskussion, wie etwa das personentransportfähige Ambulanz-UAS (Vgl. ADAC, o. J.).

Literatur

ADAC. (o. J.). Pressemitteilung. *Luftrettung mit bemannten Multikoptern ist möglich, sinnvoll & verbessert die Notfallversorgung.* https://luftrettung.adac.de/volocopter/. Zugegriffen am 02.12.2020.

Abb. 1 Übersicht fortgeschrittener Forschungsprojekte zu medizinischen UAS in Deutschland. (Quelle: Eigene Darstellung, 2020)

Zustellung von medizinischem Gerät am Beispiel von automatischen externen Defibrillatoren

3

Mina Baumgarten, Johann Röper, Julia Kuntosch, Steffen Fleßa, Oliver Heinrich, Skadi Stier und Klaus Hahnenkamp

Die Zustellung von automatischen externen Defibrillatoren (AEDs) ist als exemplarisch für den Transport von medizintechnischem Kleingerät zu betrachten. Das Nutzungpotenzial eines bestehenden UAS-Netzwerkes und die Möglichkeiten zu dessen Erweiterung sind weitreichend: So könnte neben AEDs auch weiteres medizinisches Gerät

M. Baumgarten (✉)
Klinik für Anästhesie, Intensiv-, Notfall- und Schmerzmedizin, Universitätsmedizin Greifswald, Greifswald, Deutschland
E-Mail: mina.baumgarten@med.uni-greifswald.de

J. Röper
Universität Greifswald, Greifswald, Deutschland
E-Mail: johann.roeper@stud.uni-greifswald.de

J. Kuntosch · S. Fleßa
Gesundheitsmanagement, Universität Greifswald, Greifswald, Hansestadt, Deutschland
E-Mail: julia.kuntosch@uni-greifswald.de; steffen.flessa@uni-greifswald.de

O. Heinrich
BHO Legal, Köln, Deutschland
E-Mail: oliver.heinrich@bho-legal.com

S. Stier
Unternehmensentwicklung, DRF Luftrettung, Filderstadt, Deutschland
E-Mail: skadi.stier@drf-luftrettung.de

K. Hahnenkamp
Klinik für Anästhesie, Intensiv-, Notfall- und Schmerzmedizin, Universitätsmedizin Greifswald, Greifswald, Hansestadt, Deutschland
E-Mail: klaus.hahnenkamp@uni-greifswald.de

© Der/die Autor(en), exklusiv lizenziert durch Springer Fachmedien Wiesbaden GmbH, ein Teil von Springer Nature 2022
M. Baumgarten et al. (Hrsg.), *Unbemannte Flugsysteme in der medizinischen Versorgung*, https://doi.org/10.1007/978-3-658-35372-8_3

transportiert werden, etwa Rettungsbojen der Wasserwacht oder telemedizinisches Gerät für audiovisuelle Aufnahmen und Wiedergaben. Die beteiligten Projekte befassen sich aktuell noch vorrangig mit der Zuführung von AEDs, Konzepte zur Ausweitung der Nutzung sind jedoch bereits in Arbeit.

3.1 Hintergrund

Die Inzidenz des außerklinischen Herzkreislaufstillstands (out-of-hospital cardiac arrest, OHCA) liegt in Deutschland nach unterschiedlichen Studien zwischen 84 und 122 von 100.000 Einwohnern im Jahr. Jährlich sterben daran etwa 80.000 Menschen. Von den Patientinnen und Patienten überleben im deutschen Durchschnitt nur etwa 6 % ohne oder mit nur geringem neurologischem Defizit, wobei dieses erheblich vom therapiefreien Intervall abhängt (Vgl. Gräsner et al., 2014/17, S. 314–316; Gräsner et al., 2016, S. 188–195; Bürger et al., 2018). Im internationalen Vergleich zeigt sich, dass wesentlich bessere medizinische Outcomes erzielbar sind (Vgl. Boyce et al., 2015, S. 20–25). Diese können unter anderem durch die intensive Einbindung und Schulung von Ersthelfenden im Rahmen von Community-First-Responder-Modellen (CFR) sowie durch die Integration öffentlich zugänglicher AEDs in die Rettungskette erreicht werden (Vgl. Brinkrolf et al., 2016, S. 496–504). Die systematische Vorhaltung stationärer AEDs an urbanen öffentlichen Orten wird beispielsweise in Israel, Dänemark, Finnland, Schweden und den Niederlanden erfolgreich angewendet (Vgl. Smslivraddare, (o. J.), Schweden; Vgl. Pulsepoint, (o. J.), USA; Vgl. Israelrescue, (o. J.), United Hatzalah, Israel; Vgl. Firstaed, (o. J.), DK). Um eine zuverlässige und hilfsfristgerechte Versorgung zu gewährleisten, müssen öffentlich zugängliche AEDs möglichst schnell erreichbar und dafür an dicht bevölkerten Orten viele potenzielle Ersthelfer verfügbar sein. Die Erreichbarkeit kann dabei als Radius durch die Entfernung oder durch die Zeit, in der ein AED erreicht werden kann, definiert werden.

Ein Vergleich der deutschen Ergebnisse bei Herzkreislaufstillständen mit denen internationaler Vorreiter gebietet die Weiterentwicklung der deutschen Notfallversorgung um neue Versorgungsmodelle wie CFR und öffentlich zugängliche AED-Netzwerke.

Eine Vorhaltung stationärer AEDs ist für die Notfallversorgung in ländlichen Gebieten mit geringer Bevölkerungsdichte, also mit wenigen Ersthelfenden im Einzugsbereich des AEDs, unter Umständen nicht zweckmäßig. Der Transport mobiler AEDs mit UAS hingegen könnte die flächendeckende Erreichbarkeit von Notfallpatientinnen und -patienten mit außerklinischem Herzkreislaufstillstand deutlich erhöhen und zudem gegenüber den stationären AEDs die effizientere Ressourcenallokation darstellen. Die Integration einer UAS-gestützten AED-Versorgung in die bestehende Rettungskette wäre daher eine innovative Erweiterung der notfallmedizinischen Versorgung. Dabei würde im Rahmen der Rettungsmitteldisposition auch die UAS an den Standort des Notrufes bzw. des Notfallortes entsendet. Dies könnte durch Geolokalisation der Standortdaten geschehen.

3.2 Technische Herausforderungen

Der zuverlässige und schnelle Transport von medizintechnischem Gerät ist ein kritischer Faktor für eine erfolgreiche Implementierung. Aus diesen Ansprüchen können Anforderungen an die verwendbaren UAS abgeleitet werden. Diese gelten in gleichem Maße für alle medizinischen Transportflüge und werden hier zusammengefasst:

- Möglichst hohe abrufbare Fluggeschwindigkeit
- Ausreichende Akkukapazität zur Abdeckung der Transportstrecke
- Allzeitige und zuverlässige Einsatzbereitschaft
  - Wetterunabhängigkeit
  - Nachtflugtauglichkeit
  - Zustellbarkeit des Transportgutes am Zielort
  - Stabilität der Funkverbindung
  - Hoher Automatisierungsgrad zur Entlastung der Pilot/innen und Erhöhung der Einsatzverfügbarkeit
- Betriebliche Aufrechterhaltung und ggf. Wiederherstellung der Einsatzbereitschaft
- Technische Einheitlichkeit zur Umsetzung eines Flottenkonzeptes
- Tragefunktion für Transportgüter
- Einfache und leicht lernbare Bedienbarkeit
- Sicherer Transport und Gewährleistung des Qualitätserhalts der Nutzlast, je nach Anforderungen

3.3 Rechtliche Herausforderungen

Der Betrieb von UAS für die AED-Zustellung unterliegt den allgemeinen Rahmenbedingungen, die unter Kap. 2 ausgeführt sind.

Die besondere rechtliche Herausforderung beim Betrieb von UAS für die AED-Zustellung liegt in deren Einsatz in allenfalls kurzfristig planbaren Zeiträumen. Flugwege sind im Notfall nicht derart planbar, dass dadurch bestehende andere Rechtsgüter maximal geschont werden, ohne dass der Einsatzzweck – die Rettung von Menschenleben – beeinträchtigt würde. Bestehende Gesetze gehen auf diese Sondersituation der noch recht neuen Technologie im Rettungswesen derzeit nur unzureichend ein. Betreiber bewegen sich damit häufig in rechtlichen Grauzonen oder handeln sogar formal gesetzeswidrig.

MV | LIFE | DRONE

Projektvorstellung 1: MV|LIFE|DRONE, Greifswald

Im Pilotprojekt **MV|LIFE|DRONE-Pilot** (08/2019–12/2019) erfolgte der Machbarkeitsnachweis für die Zuführung eines AEDs mithilfe eines UAS in der medizinischen Versorgung eines außerklinischen Herzkreislaufstillstands. In 49 Simulationen eines Einsatzfalles mit integrierter UAS-Unterstützung wurde an 15 Tagen auf 5 Flugstrecken bis zu 9,8 km Länge ein Octocopter mittlerer Größe (max. Zuladung 5 kg, max. Geschwindigkeit 50 km/h) mit der Möglichkeit zu portgestütztem Starten und Landen eingesetzt. In Kombination mit einer selbstauslösenden Haltevorrichtung für einen AED wurde ein hoher Automatisierungsgrad realisiert.

Die Universitätsmedizin Greifswald konnte als Körperschaft des öffentlichen Rechts [KöR] mit der öffentlichen Aufgabe zur Notfallversorgung das Behördenprivileg der Luftverkehrsordnung für sich in Anspruch nehmen, was ein erlaubnis- und genehmigungsfreies Fliegen unter Einhaltung der geltenden Gesetze und Verordnungen ermöglichte. Die besonders kritischen datenschutzrechtlichen Vorgaben sowie die Vorschriften zum Einsatz in Naturschutzgebieten wurden ebenfalls berücksichtigt. Zudem erfolgten eine SORA-GER Risikobewertung, Sicherungsmaßnahmen an Start- und Landeplätzen und eine Vorab-Information an Anwohnende.

Im Projekt wurden zudem die allgemeine Bevölkerung, ungeschulte Ersthelfende (Laien) und geschulte Ersthelfende als Nutzergruppen identifiziert und zur Technologieakzeptanz befragt. 95,6 % der Ersthelfenden und 100 % der geschulten Helfenden befürworteten in der Befragung eine Implementierung; 88,5 % der Teilnehmenden an der Bevölkerungsbefragung hielten den Einsatz von UAS in der Notfallversorgung für vorstellbar.

Das Projekt belegte, dass ein umfassendes Netzwerkmodell entwickelt werden muss, um stationäre AEDs und mobile AEDs in das bestehende Netzwerk aus Rettungsdienst, Krankenhaus und Luftrettung integrieren zu können.

Das erneut durch das BMG geförderte Projekt **MV|LIFE|DRONE-CHALLENGE** (07/2020 – 07/2021) nimmt den Status quo von Forschung und Technik auf und entwickelt in Abstimmung mit medizinischen Anwendern anderer Regionen Lösungsansätze für die identifizierten Problemstellungen. Das Projekt wird durch die Universitätsmedizin Greifswald in Kooperation mit der Hochschule Neubrandenburg, der DRF Luftrettung, dem Landkreis Vorpommern-Greifswald sowie der Universität Greifswald durchgeführt. Zielsetzung ist ein nahtlos in bestehende Mobilitäts- und Versorgungssysteme von Stadt und Land integriertes Konzept für den Einsatz von UAS als sicheres und schnelles medizinisches Transportmittel.

Die Konzeptprüfung erfolgt anhand von Simulationen und unmittelbarer Anwendungserprobung in Testflügen unter Realbedingungen. Erprobt werden auf zwei Teststrecken von 20 km und 26 km die Umsetzungsbedingungen für die Anwendungen Probentransport sowie AED-Transport.

Die Setzung gemeinsamer Standards mit überregional tätigen medizinischen Anwender schließt Insellösungen aus und forciert die Entwicklung bundesweit anwendbarer Konzepte. ◄

Projektvorstellung 2: AED-Drohne Freiburg

Im Drohnenprojekt Freiburg wird untersucht, ob der Transport von Automatisierten Externen Defibrillatoren (AED) durch unbemannte Luftfahrzeug Systeme (UAS) grundsätzlich genehmigungsfähig ist und mit welchem Betriebskonzept dieser vorgehalten werden könnte. Das Projekt befindet sich in der Konzeption. Das AED-tragende UAS soll in das Community-First-Responder-System der Modellregion Freiburg/Breisgau-Hochschwarzwald integriert werden.

Freiburg gehört zu einer Reihe von Modellregionen in Europa, in denen freiwillige Ersthelfende, die sich in der Nähe des Notfallortes befinden, über eine Handy-App durch die Rettungsleitstelle alarmiert werden. Ziel ist, dass die CFR noch vor Eintreffen des Rettungsdienstes Erste Hilfe leisten können. Der Alarm erreicht jeweils vier Ersthelfende im unmittelbaren Umfeld des Notfallortes. Die beiden Ersthelfenden mit der kürzesten Entfernung werden zum Patienten geleitet, um sofort mit der Herzdruckmassage bzw. Beatmung zu beginnen. Eine dritte Person hat die Aufgabe, den (räumlich) nächsten AED mitzubringen.

Häufig ist das Zuführen von AEDs in ländlichen Regionen schwierig, da keine einsatzfähigen AEDs verfügbar (weil z. B. nicht regelmäßig gewartet) bzw. zugänglich (z. B. außerhalb der Öffnungszeiten von Geschäften) sind. Weiterhin gibt es Einsätze, bei denen sich nur 1–2 Ersthelfer/innen in der Nähe zum Einsatzort befinden. Wenn diese auf der Anfahrt zum Einsatzort einen AED holen, verursacht ein auch nur geringer Umweg eine signifikante Verzögerung des Beginns lebensrettender Maßnahmen.

Dieses Problem ließe sich durch mobile AEDs beheben, welche genau wie Ersthelfer, Notarzt und Rettungswagen (RTW) zum Patienten disponiert werden. Ideales Transportmittel ist hierbei das UAS. Dieses bewegt sich, unabhängig von Topografie und Verkehrslage, schnell und könnte zudem für Nebenaufgaben (z. B. Luftbild vom Einsatzort für die Leitstelle) genutzt werden.

Weiterführende Links:

https://www.youtube.com/watch?v=DAEg_RvT4kg

https://www.youtube.com/watch?v=Rvhyq202l8w ◄

Literatur

Baumgarten, M. C., Röper, J., Hahnenkamp, K., & Thies, K. C. (2021). Drones delivering automated external defibrillators – Integrating unmanned aerial systems into the chain of survival: A simulation study in rural Germany. *Resuscitation*.

Boyce, L. W., et al. (2015). High survival rate of 43 % in out-of-hospital cardiac arrest patients in an optimised chain of survival. *Netherlands Heart Journal, 23*(1), 20–25.

Brinkrolf, P., Bohn, A., & Lukas, R. (2016). Project „Week of Resuscitation": Public relations work and education programmes improve the people's knowledge about resuscitation. Results of a survey study with 2004 participants. *Intensivmedizin, 57*, 2–10.

Bürger, A., et al. (2018). Einfluss der Hilfsfrist auf das Überleben nach plötzlichem Herz-Kreislauf-Stillstand. Analyse aus dem Deutschen Reanimationsregister. *Deutsches Ärzteblatt, 115*, 541–548.

Firstaed. (o. J.). https://firstaed.com/. Zugegriffen am 02.12.2020.

Gräsner, J.-T., Geldner, G., Werner, C., et al. (2014/17). Optimierung der Reanimationsversorgung in Deutschland. *Notfall Rettungsmed, 17*, 314–316.

Gräsner, J.-T., Lefëring, R., & Koster, R. (2016). EuReCa ONE—27 Nations, ONE Europe, ONE registry a prospective one month analysis of out-of-hospital cardiac arrest outcomes in 27 countries in Europe. *Resuscitation, 105*(2016), 188–195.

Israelrescue. (o. J.). https://israelrescue.org/. Zugegriffen am 02.12.2020.

Pulsepoint. (o. J.). https://pulsepoint.com/. Zugegriffen am 02.12.2020.

Smslivraddare. (o. J.). https://www.smslivraddare.se/. Zugegriffen am 02.12.2020.

Transport von Labor- und Gewebeproben sowie Blutprodukten

4

Sabrina John, Dominik Eichbaum, Beate Elbers, Oliver Heinrich, Adrian Scheunemann, Andreas Greinacher, Holger Schulze und Klaus Tenning

4.1 Hintergrund

Labormedizinische und pathologische Untersuchungen stellen teils hoch spezialisierte Leistungen der Gesundheitsversorgung dar, die zentral für verschiedene Leistungserbringer vorgehalten werden. Im Rahmen der epidemiologischen Transition, die auch

S. John (✉)
GLVI Gesellschaft für Luftverkehrsinformatik mbH, Hamburg, Deutschland
E-Mail: s.john@glvi.de

D. Eichbaum
Wirtschaftsförderung, Stadt Siegen, Siegen, Deutschland
E-Mail: d.eichbaum@siegen.de

B. Elbers
skbs.digital – Städt. Klinikum Braunschweig, Braunschweig, Deutschland
E-Mail: beate.elbers@skbs.digital

O. Heinrich
BHO Legal, Köln, Deutschland
E-Mail: oliver.heinrich@bho-legal.com

A. Scheunemann · A. Greinacher
Abteilung für Transfusionsmedizin, Universitätsmedizin Greifswald, Greifswald, Deutschland
E-Mail: adrian.scheunemann@med.uni-greifswald.de;
andreas.greinacher@med.uni-greifswald.de

H. Schulze
German Copters DLS GmbH, Dresden, Deutschland
E-Mail: h.schulze@germancopters.de

K. Tenning
Labor Berlin – Charité Vivantes GmbH, Berlin, Deutschland

© Der/die Autor(en), exklusiv lizenziert durch Springer Fachmedien Wiesbaden GmbH, ein Teil von Springer Nature 2022
M. Baumgarten et al. (Hrsg.), *Unbemannte Flugsysteme in der medizinischen Versorgung*, https://doi.org/10.1007/978-3-658-35372-8_4

künftig zunehmende chronische Krankheiten für das deutsche Krankheitspanorama impliziert, kommt diesen Laboreinrichtungen eine steigende Bedeutung zu. Zentrale Organisationsstrukturen resultieren aus dem Grad der Spezialisierung und der Kostenintensität der angebotenen Leistungen. Zudem besteht ein hoher Mangel an medizinischem Personal. Eine zentrale Organisationsstruktur vermeidet daher Ineffizienzen und ermöglicht die Versorgung weiterer Krankenhäuser, die die spezialisierten Einrichtungen nicht selber vorhalten müssen.

So ist es den meisten Krankenhäusern in Deutschland nicht möglich, eine eigene transfusionsmedizinische Abteilung vorzuhalten. Sie sichern ihren Versorgungsauftrag durch Zusammenarbeit mit bundesweiten wie regionalen Blutspendediensten. Neben dem Deutschen Roten Kreuz sind es staatlich-kommunale, universitäre und unabhängige private Anbieter.

Gerade für kleine Kliniken oder solche mit mehreren Standorten fallen deshalb Transportwege an, aus denen sich in urbanen und ländlichen Regionen verschiedene Herausforderungen ergeben. Gemein ist allen Regionen, dass ein UAS-gestützter Transport eine Verringerung der Transportzeit bei gleichzeitiger Unabhängigkeit vom Verkehrsaufkommen verspricht, das sich tageszeitabhängig, regional und saisonal unterscheidet.

4.2 Notfalllabordiagnostik

Auch in der Notfalllabordiagnostik können UAS neue Chancen für eine Verbesserung der Versorgung bieten. Klassisches Beispiel ist die Diagnostik und Therapie des akuten Myokardinfarkts. UAS sind in der Lage, am Einsatzort abgenommenes Laborblut noch vor Ankunft der Patientin bzw. des Patienten zur Diagnostik ins Kliniklabor zu bringen und somit einen Zeitvorteil für die ärztliche Entscheidung – invasive Diagnostik und Therapie mittels Herzkatheter – zu generieren. Je früher eine notwendige Intervention stattfindet, desto geringer ist der Schaden am Herzen und desto besser ist der Outcome für die Erkrankten.

Ein weiteres Anwendungsfeld UAS-gestützter Laborlogistik ist die Bestimmung von Blutgruppenmerkmalen bei Traumapatientinnen und -patienten mit hohem Blutverlust und erwartetem hohen Transfusionsbedarf: Eine beschleunigte Diagnostik trüge zur Einsparung von Notfallkonserven bei, weil dann eher auf patientenidentische Konserven umgestellt werden könnte. Zudem könnte durch beschleunigte Gerinnungsdiagnostik und die frühzeitige Bestimmung von speziellen Gerinnungsparametern (Bsp. Anti-Xa, PFA-100) eine gezielte Verabreichung von Faktorpräparaten und damit eine frühzeitige Therapie ermöglicht werden.

In der mikrobiologischen Diagnostik, speziell im Fall der Erregerdiagnostik bei Sepsis oder Meningitis, könnte eine beschleunigte Identifizierung des Erregers und damit eine gezielte Therapie die Mortalität deutlich senken. Modernste mikrobiologische Geräte, die einen enormen Zeitvorteil darstellen, stehen häufig nur an spezialisierten Standorten und Laboren zur Verfügung. Um die Versorgung in der Fläche zu verbessern, wäre ein zeitnaher Transport von Blutkulturen zu diesen Speziallaboren per UAS ein sinnvolles Szenario.

4.3 Pathologie

In urbanen Regionen erfolgen Transporte oftmals in überlasteter Infrastruktur, sodass Einsatzfahrzeuge oftmals Wegerecht nutzen müssen, um schnelle Laboranalysen zu ermöglichen. Für intraoperativ entnommene Proben bedeutet dies, dass die Patientin bzw. der Patient in Narkose verbleibt, bis das Untersuchungsergebnis vorliegt. Erst mit vorliegenden Pathologieergebnissen können Operationen abgeschlossen werden, wobei es in Abhängigkeit des Befundes zu weiterführenden Gewebeentnahmen mit nachfolgender Untersuchung kommen kann.

In ländlichen Regionen hingegen wird aufgrund großer Entfernungen zur zentral vorgehaltenen Infrastruktur die Operation meist beendet, bevor das Gewebe versandt wird und ein Befund vorliegt. Wird festgestellt, dass das krankhafte Gewebe nicht vollständig entfernt werden konnte, muss erneut operiert werden.

Eine Verkürzung von Transportzeiten kann somit eine Verringerung von Operationszeiten bewirken. Durch die Nutzung von UAS für den Lufttransport der Gewebeproben besteht der Vorteil, dass annähernd direkte Routen gewählt werden können, da in der Luft kein Straßennetz wie am Boden vorliegt. Darüber hinaus ist der Luftraum weitestgehend ungenutzt, sodass mit geringen Verkehrsbehinderungen zu rechnen ist. Insofern verspricht die Nutzung unbemannter Luftfahrzeuge für den Transport zeitkritischer Gewebeproben einen großen Mehrwert, indem Versorgungsabläufe optimiert und die Versorgungsqualität gesteigert werden.

4.4 Transfusionsmedizinische Versorgung

Im Falle einer absehbaren Bluttransfusion werden die voraussichtlich benötigten Blutprodukte beim kooperierenden Blutspendedienst bestellt. Die Transfusion kann erst durchgeführt werden, nachdem die Blutprodukte eingetroffen sind. Allein für Notfälle stehen besondere Erythrozytenkonzentrate (bspw. die der seltenen Blutgruppe 0Rh-) zur Verfügung. UAS-gestützte Transporte könnten durch ihre bessere Logistik positiv Einfluss auf eine bedarfsgerechte, zeitnahe Versorgung der betroffenen Patientinnen und Patienten nehmen.

4.5 Rechtliche Herausforderungen

Allgemein: Vorschriften mit technischen Anforderungen für den Transport von Blut
Verbindliche Vorschriften mit technischen Anforderungen für den Transport von Blut speziell mit UAS gibt es bislang nicht. Aus AMC1 Article 2(11) lit. (b) Die Definitionen zu gefährlichen Gütern wurden im Februar 2022 neu gefasst – https://www.easa.europa.eu/downloads/135910/en. Blut mit (möglicherweise) infektiösen Substanzen darf nur in der speziellen Kategorie transportiert werden, wenn bei einem Unfall kein hohes Risiko für Dritte besteht, oder wenn der Transportbehälter einen Austritt der Flüssigkeit und eine Ansteckung Dritter ausschließt und es keine anderweitigen hohen Risiken für Dritte gibt.

Ansonsten muss der Transport von Blut mit (möglicherweise) infektiösen Substanzen in der zulassungspflichtigen Kategorie erfolgen. Aus der „Acceptable Means of Compliance" zur Durchführungsverordnung (EU) 2019/947 ergibt sich allerdings, dass ungetestetes oder kontaminiertes Blut nur in der speziellen oder zulassungspflichtigen Kategorie transportiert werden darf. Darüber hinaus finden Vorschriften für den Umgang mit Blut im Vorfeld Anwendung, also über dessen Vorbereitung für den Transport und die Verbringung zum und vom UAS. Diese Anforderungen sind aber nicht luftfahrtspezifischer Natur, sodass hier nicht weiter darauf eingegangen wird.

Die derzeit bestehenden technischen Anforderungen für den Lufttransport offenbaren, dass deren Anwendungsbereich nicht den Transport per UAS umfasst. Zudem sind sie klar umrissen, eine analoge Anwendung auf UAS kann daher nicht als vom Regelungszweck gedeckt anzusehen sein. Es würde zudem zwangsläufig zu Widersprüchen mit bereits bestehenden UAS-spezifischen Anforderungen kommen, wie insbesondere dem Privileg von Behörden und Organisationen mit Sicherheitsaufgaben.

So ist z. B. der Anwendungsbereich der Technischen Regeln für Biologische Arbeitsstoffe (TRBA 100) ausdrücklich auf „Schutzmaßnahmen für Tätigkeiten mit biologischen Arbeitsstoffen in Laboratorien" ausgerichtet. Die Verordnung über die innerstaatliche und grenzüberschreitende Beförderung gefährlicher Güter auf der Straße, mit Eisenbahnen und auf Binnengewässern (GGSVSEB) findet nur auf die genannten Transportwege Anwendung. Ebenso verhält es sich mit dem Europäischen Übereinkommen über die internationale Beförderung gefährlicher Güter auf der Straße (ADR – *Accord européen relatif au transport international des marchandises Dangereuses par Route*).

Der weltweite Dachverband der Fluggesellschaften IATA (International Air Transport Association) hat mit den IATA-DGR (Dangerous Goods Regulations) spezielle Vorschriften für den Lufttransport gefährlicher Güter entwickelt, deren Anwendung aber wiederum auf den „klassischen" Lufttransport durch Fluggesellschaften ausgelegt ist. Daneben gibt es von der IATA für den genannten Adressatenkreis außerdem die IATA-TCR (Temperature Control Regulations) mit Fokus auf den Transport von Gesundheits- und Life-Science-Produkte wie Impfstoffe oder Medikamente. Die IATA-Regeln wirken über die im Verband organisierten Fluggesellschaften hinaus, indem auf sie in den Regeln der ICAO für den Transport gefährlicher Güter als verbindlich für die ICAO-Mitgliedstaaten Bezug genommen wird (Annex 18 zur ICAO Convention und deren Technische Anweisungen für die sichere Beförderung gefährlicher Güter im Luftverkehr – *Technical Instructions for the SAFE Transport of Dangerous Goods by Air* – nachfolgend auch „TI"). Durch den Verweis auf die TI in der EU-Verordnung (EU) Nr. 956/2012 erlangen diese Vorschriften unmittelbare Anwendung auch im nationalen Recht, welche außerdem in Schulungsprogrammen zum Gefahrguttransport im Luftverkehr zu berücksichtigen sind. Diese Anforderung wird in Deutschland mit der „Bekanntmachung über die Beförderung von gefährlichen Gütern im Luftverkehr und die Anforderungen an die Schulung der betroffenen Personen" (Vgl. Deutsche Flugsicherung, 2021) aufgenommen, indem darin unter anderem auf die VO (EU) Nr. 956/2012 verwiesen wird. Das Gefahrgutschulungsprogramm gilt allgemein und undifferenziert für Betreiber im Sinne der Verordnung (EU)

Nr. 2018/1139. Somit könnte die Schulungsvorschrift auch auf Betreiber unbemannter Luftfahrzeuge Anwendung finden. Allerdings zeigt sich auch hier wieder der Fokus auf die „klassische" bemannte Luftfahrt, in dem der Transport in Fracht- und Passierräumen und Frachtabfertigungsprozesse angesprochen werden. Somit ist eine Anwendung auf unbemannte Luftfahrzeuge derzeit unpassend und offenbar (noch) nicht intendiert.

Allgemein: Vorschriften zur behördlichen Genehmigung für den Transport von Blut

Wie die oben genannten Transportvorschriften ist auch die Anforderung nach VO (EU) Nr. 956/2012, wonach Betreiberinnen und Betreiber für den Transport von ungetestetem Blut einer behördlichen Genehmigung bedürfen, zunächst auf die bemannte Luftfahrt ausgelegt. Die Anforderungen lassen sich auf die unbemannte Luftfahrt aufgrund völlig unterschiedlicher technischer Gegebenheiten überwiegend nicht anwenden. Es wird daher (zumindest derzeit) davon ausgegangen, dass der Transport von Blut per UAS keiner behördlichen Genehmigung im Sinne der genannten Verordnung bedarf.

Ähnlich dürfte es sich mit § 27 Abs. 1 LuftVG verhalten. Danach bedarf die „Beförderung von Stoffen und Gegenständen, die durch Rechtsverordnung als gefährliche Güter bestimmt sind, insbesondere Giftgase, Kernbrennstoffe und andere radioaktive Stoffe, mit Luftfahrzeugen […] der Erlaubnis." Eine Anwendung der Vorschrift auf die Beförderung mit UAS erscheint nicht passend. § 21h Abs. 3 Nr. 3 LuftVO enthält spezielle geografische Betriebsbeschränkungen mit ausdrücklichem Bezugspunkt auf die Biostoffverordnung. Dadurch dürfte der Regelungsumfang des § 27 LuftVG für UAS entsprechend konkretisiert worden sein. Dies wiederum eröffnet die Privilegierungsmöglichkeit nach § 21k LuftVO, die bei einer unmittelbaren Anwendung des § 27 LuftVG auf UAS sonst unterlaufen würde. .

Speziell: Regelungen von Bedeutung für Blut oder Gewebeprobentransport per UAS

Die Geografischen Beschränkungen nach § 21h und § 21i LuftVO entfalten wie dargestellt keine Geltung für Behörden, Organisationen mit Sicherheitsaufgaben sowie unter deren Aufsicht tätige Dritte.

Selbst für den nicht-privilegierten Betrieb ergibt sich keine Einschränkung beim Betrieb in der Betriebskategorie „speziell", sofern gemäß Punkt UAS.SPEC.030 Nummer 3 in Teil B des Anhangs zu der Verordnung das Risiko bewertet wurde und die Betriebsgenehmigung sich auf einen solchen Transport erstreckt (s. u.).

In Art. 2 (11) des „Acceptable Means of Compliance (AMC) and Guidance Material (GM)" Issue 1 vom 09.10.2019, das Empfehlungen zur neuen EU-Verordnung 2019/947 enthält, ist vorgesehen, dass Blut künftig als gefährliches Transportgut zu klassifizieren ist und nur unter Einhaltung der einschlägigen Vorschriften befördert werden darf. Ein Transport eines solchen gefährlichen Stoffes in der „offenen" Kategorie gemäß Artikel 4 Abs. 1 (f) ist nicht möglich.

Noch nicht auf ansteckende Krankheiten getestetes oder damit kontaminiertes Blut darf aber in der „speziellen" oder der „zulassungspflichtigen" Kategorie transportiert werden. Stellt der Transport ein „hohes Risiko für Dritte" dar (Artikel 6 Abs. 1 (b) (iii)), hat der Transport im Rahmen der „zulassungspflichtigen" Kategorie zu erfolgen. Ist dies nicht der Fall und wird das Blut in einem abgeschlossenen Behältnis transportiert, durch das sichergestellt ist, dass im Falle eines Unfalls kein Blut daraus austreten kann, kann der Transport auch in der „speziellen" Kategorie erfolgen. Beim behördlichen UAS-Betrieb werden zur Erreichung der Sicherheitsziele der Verordnung regelmäßig vergleichbare Maßnahmen erforderlich sein. Zwar mag ein solches Vorgehen bereits zuvor beherzigt worden sein. Mit Anwendung des EU-Rechts ist dies nun aber auch Gegenstand einer luftrechtlichen Betriebspflicht.

▶   **Zwischenergebnis** Ein Betriebsverbot für den Transport von Blutproben besteht allgemein nicht.

Anwendbarkeit der Gefahrstoffverordnung auf Blut
Der Transport von Blut unterliegt nicht der Gefahrstoffverordnung. Für den Fall, dass es getestet ist, geht von Blut kein relevantes Risiko aus. Für den Fall, dass es ungetestet ist, dürfte das relevante Risiko regelmäßig von einem Biostoff ausgehen, dessen Regelung allerdings nach § 1 Abs. 4 GefStoffV der Biostoffverordnung vorbehalten ist.

▶   **Zwischenergebnis** Die Gefahrstoffverordnung ist für den Transport von Blut nicht relevant.

4.6   Technische Herausforderungen

Sicherheitsanforderungen an Transportbehälter
Zu den für den Transport von medizinischem Gerät (A3.1) genannten technischen Herausforderungen an den allgemeinen UAS-Betrieb treten spezifische Herausforderungen, welche sich aus dem Transport von potenziell infektiösen Labor- und Gewebeproben ergeben. Neben der Sicherheit des logistischen Transportes unterliegt auch der Transportgegenstand an sich kritischen Maßgaben. So müssen bspw. Kühlketten eingehalten werden und Gefäße luftdicht verpackt werden, um Veränderungen oder Austreten der Transportgüter zu verhindern. Für den UAS-gestützten Transport gibt es diesbezüglich bisher keine speziellen Vorschriften, jedoch können Anhaltspunkte aus den Vorgängen von Bodentransporten gewonnen werden. Da diese aber nicht für die Besonderheiten des Transports per UAS ausgelegt sind, muss genau geprüft werden, ob und wie deren Anwendung mit den technischen Anforderungen des UAS-Betriebs vereinbar ist.

Unfälle oder Zwischenfälle mit kritischen medizinischen Gegenständen, bspw. infektiösem Material oder Blutprodukten, sind unter allen Umständen zu vermeiden und stellen nochmals größere Sicherheitsansprüche an den UAS-Transport, als es etwa bei technischem Gerät der Fall ist. Probleme können dramatische Auswirkungen auf Beteiligte und Dritte haben, mit ihnen verbundene negative Berichterstattung die Technologieakzeptanz von medizinischen UAS maßgeblich negativ beeinflussen.

Nur durch die entsprechenden Transportbehältnisse kann eine sichere Durchführung von drohnengestützten Labortransporten gewährleistet werden. Die Inhalte müssen gegen äußere Temperatur- und Wetterschwankungen ausreichend geschützt sein, zudem müssen spezifische Temperaturen im Behälter stabil gehalten werden, um eine Beeinträchtigung der Probenqualität zu vermeiden und um aussagefähige Testergebnisse sicherzustellen. Die Darstellung in Tab. 4.1 zeigt verschiedene Transporttemperaturen von Laborproben.

Transportbehälter sollten sich dabei an den Vorgaben für den Straßentransport orientieren. Für den Straßentransport müssen die Transportbehälter für pathologische Gewebeschnitte zweimal verpackt sein. Derartige Verpackungsboxen benötigen ein passendes und temperaturüberwachtes Transportgefäß. Aus technischer Sicht könnte sich an den, wie vorstehend beschrieben, auf UAS nicht unmittelbar anwendbaren technischen Anweisungen der ICAO bzw. IATA-DGR orientiert werden. Aufgrund der in diesen Anweisungen vorgesehenen Verwendung einer Außenverpackung mit einer ihrem Fassungsvermögen, ihrem Gewicht und ihrer beabsichtigten Verwendung angemessenen Stärke (Ziff. 3.6.2.2.3.8 IATA-DGR), sollte für den Transport mit UAS davon abgesehen werden, das Primär- und Sekundärgefäß ungesichert in die Außenverpackung zu legen. Die

Tab. 4.1 Transporttemperaturen und -gewichte von Laborproben

Bescheibung der probe		Transportgewicht in gramm	Einzuhaltende temperatur in °c
Laborproben			
1	Serum	10 bis 20	+ 4°
2	Plasma	10 bis 20	+ 4°
3	Gepacktes Zellvolumen	10 bis 20	+ 4°
4	Blutproben vakuumverpackt	10 bis 20	Raumtemperatur + 4°
5	Samen	10 bis 20	Raumtemperatur
6	Urin	35 bis 50	+ 4°
7	Fäkalien	10 bis 20	+ 4°
8	Gewebeproben	Unterschiedlich	Raumtemperatur
9	Schnellschnitte	30 bis 50	Raumtemperatur
10	Muttermilch	10 bis 20	+ 4°
11	Speichel	10 bis 20	Raumtemperatur
12	Speichel in Verpackung	10 bis 20	+ 4°
Blut			
1	Blut/PRBC	~ 400	+ 2° bis + 6°
2	Gefrorenes Plasma	~ 300	+ 2° bis + 6°
3	Blutplättchen	~ 400 gm	+ 20° bis + 24°

Quelle: Eigene Darstellung

Lagerung der Transportgegenstände muss vielmehr rutsch- und kippsicher erfolgen. Aufgrund der direkten Einwirkung von Witterungsverhältnissen und der potenziell hohen Fallhöhe sollte eine robustere Außenverpackung gewählt werden.

Deshalb empfiehlt sich folgende Dreifachverpackung im UAS-Betrieb:

- **Primärgefäß:** z. B. Probenröhrchen
- **Sekundärverpackung:** reißfester und gegen mechanische Einflüsse verstärkter sogenannter „Medical-Beutel" (In dieser Sekundärverpackung werden die Primärgefäße aufgenommen und der Beutel luftdicht verschlossen. Der „Medical-Beutel" kann im Normalfall Belastungskräfte von bis zu $4g$ abfangen und verhindert den Austritt von Flüssigkeiten.)
- **Außen-/Umverpackung:** Transportbehälter mit innen liegender Saugeinlage (Auch der Transportbehälter sollte einen Aufprallschutz bieten, sodass eine Versiegelung des Behälters auch bei Abstürzen gewährleistet ist.)

Die Konstruktion darf weder die Funktionalität des UAS, die durch die vergleichsweise geringe Nutzlast ohnehin beschränkt ist, noch jene des Transportbehälters beeinträchtigen. Schwere Kühlelemente können deshalb nicht eingesetzt werden. Aktuell werden daher möglichst leichte und kostengünstige Isoliermaterialien erprobt, um eine Temperaturstabilität von über einer Stunde zu erreichen.

In Anlehnung an die Anforderungen aus dem Straßenverkehr folgend könnte die Umverpackung mit der UN3373-Nummer für biologische Stoffe der Kategorie B versehen werden. Für den Transport gefährlicher Güter auf dem Luftweg reicht es gemäß den technischen Anweisungen der ICAO (International Civil Aviation Organisation) bzw. der IATA-DGR (Dangerous Goods Regulations) hingegen aus, auf dem Außenbehälter die Information „Befreite humane Probe" anzubringen. Die dargestellte Vorgehensweise genügt technisch grundsätzlich den Anforderungen hinsichtlich beider Transportwege.

Automatisierte Anbindung an labor- und klinikinterne Transportsysteme

Eine effiziente Nutzung der UAS kann nur über eine adäquate Logistikanbindung an die innerklinischen Transportsysteme erfolgen. Beispielhaft dafür stehen Rohrpostsysteme und Transportroboter, mittels derer Materialien in Gefäßen verpackt innerhalb von Einrichtungen verschickt werden. Das Rohrpostsystem verbindet dabei die verschiedenen Stationen untereinander sowie mit den Funktionsbereichen, dem OP und den Laboren. In der klinischen Routine werden neben Dokumenten auch Blutproben und Blutprodukte transportiert. Eine voll automatisierte Schnittstellenanbindung der UAS an das Rohrpostsystem, inklusive maschineller Be- und Entladung, würde einen automatisierten und krankenhausübergreifenden Verkehr von Blutproben- und Blutkonserven ermöglichen. Eine Schnittstelle der UAS-Ports zu klinikeigenen Rohrpostsystemen existiert bisher nicht.

Projektvorstellung 3: Medifly Hamburg, Hamburg

Das vom BMDV geförderte Projekt Medifly Hamburg beschäftigt sich mit der Fragestellung, wie Transporte medizinischer Güter mittels unbemannter Luftfahrzeuge sicher, effizient und wirtschaftlich in den Luftraum und die Krankenhausprozesse integriert werden können.

In der ersten Phase (6/2019–2/2020) wurde die Machbarkeit sicherer Flüge in der Stadt anhand erster Testflüge demonstriert. Hierzu fanden im Februar 2020 Flüge auf einer Strecke von etwa fünf Kilometern zwischen dem Bundeswehrkrankenhaus in Hamburg-Wandsbek und dem Marienkrankenhaus in Hamburg-Hohenfelde statt.

Nahezu das gesamte Hamburger Stadtgebiet liegt in der Kontrollzone des Hamburger Flughafens, wo sich jedes Luftfahrzeug gegenüber der Flugverkehrskontrollstelle kenntlich machen muss, und Drohnen für Starts und Landungen eine Freigabe einholen müssen. Zudem mussten entlang der Flugroute Streckenposten (Drohnenpiloten mit Kenntnisnachweis § 21a Abs. 4 LuftVO) stationiert werden, die notfalls in die Flugsteuerung eingreifen konnten.

Die Testflüge fanden automatisiert statt. Das heißt, das UAS bekam eine vorab mit den Behörden abgestimmte Flugroute mitgeteilt, die es selbstständig abflog. Am Flugtag herrschten Temperaturen um null Grad Celsius mit mäßigem Wind, der im Laufe des Tages zunahm. Es konnten insgesamt sechs Testflüge (einfache Strecke) erfolgreich durchgeführt werden. Ein Eingreifen der Streckenposten in den automatisierten Flug war nicht erforderlich. Im Rahmen der Testflüge konnte bei einer zurückhaltenden Fluggeschwindigkeit von 30 bis 40 km/h eine Reduzierung der Transportzeit um 35 % erzielt werden.

In der zweiten Phase (9/2020–12/2022) soll der Einsatz in Form eines Regelbetriebs ausgeweitet und der Transport u. a. auf seine Alltagstauglichkeit und Skalierbarkeit untersucht werden. Ziel ist es, in einer sechsmonatigen Testphase regelmäßige Flüge im Hamburger Stadtgebiet durchzuführen. Die einzuholende Genehmigung erfolgt auf Basis der am 31.12.2020 wirksam gewordenen, neuen EU-VO 2019/947, aus der sich erhöhte Anforderungen an Betrieb, Fluggerät und Personal ergeben. Im Rahmen von Bürgerveranstaltungen soll die Bevölkerung in das Vorhaben eingebunden und damit die Akzeptanz erhöht werden.

Weiterführende Links: https://medifly.hamburg/ ◄

Projektvorstellung 4: KODRONA, Siegen

Das vom BMDV geförderte Verbundprojekt „Kooperative Drohnentechnologie und Anwendungen zur medizinischen Versorgung in Siegen" (KODRONA) entwickelt den Einsatz von UAS als innovative digitale Liefer- und Transporttechnologie im urbanen Luftraum der Stadt Siegen. Dabei wird das Ziel verfolgt, eine verbesserte medizinische Nahversorgung zu erreichen. Zugleich sollen Potenziale für eine nachhaltige, digitale

„urbane Logistik" mit UAS unter Berücksichtigung der Collision Avoidance/UTM im U-Space der Stadt Siegen untersucht werden.

In der Siegener DRK-Kinderklinik fallen täglich rund 50 Laboruntersuchungen von Blut und anderen erkenntnisliefernden Flüssigkeiten an. Diese Proben müssen nach ihrer Entnahme umgehend zur Analyse in das Zentrallabor des Kreisklinikums Siegen im Stadtteil Weidenau gebracht werden. Traditionell werden solche Proben auf der Straße per Paketdienst, Kurier oder Taxi zwischen der jeweiligen Klinik und dem Labor versendet. Zukünftig sollen die Blut- und Laborproben per autonomem Remote-BVLOS-Shuttle in 80 Metern Höhe über eine Strecke von zweieinhalb Kilometern von der Kinderklinik in das Zentrallabor des Kreisklinikums durchgeführt werden. Die Transportwege werden durch den Einsatz von UAS zwischen den Kliniken verbessert und digitalisiert, die medizinische Qualität erhöht und CO_2-Emissionen der konventionellen Intralogistik reduziert.

Die anwendungsnahe experimentelle Forschung sichert ein schnelles Prototyping und die Evaluation der potenziellen Skalierbarkeit im Klinikverbund, sowie die wissenschaftliche Untersuchung der Akzeptanz. Der Aufbau eines remotefähigen „Flight Control Centre" (Leitstand) zur Überwachung und Sicherstellung eines kollisionsfreien Betriebs um U-space (UTM) mit entsprechender Start-/Landeinfrastruktur, sowie Untersuchung des Mobilfunknetzes und der IT-Architekturen zur Durchführung der UAS-Flüge und Flugraumsicherung sind ebenfalls Gegenstand des Use-Cases.

Die erste Phase (01.07.2019 bis 07.02.2020) des Projektes ist abgeschlossen. Sie umfasste die Machbarkeit, den Erwerb der genehmigungsrechtlichen und betrieblichen Anforderungen sowie die Erstellung von Prototypen. Die zweite Phase beginnt vorbehaltlich einer Anschlussförderung Anfang 2021 mit dem Ziel, einen autonomen Regelverkehr zwischen der Kinderklinik auf dem Wellersberg und dem Kreisklinikum in Weidenau mit den gewonnenen Erkenntnissen als EU-rechtskonformen Demonstrationsbetrieb zu installieren und die entsprechende UTM-Technologie auszuentwickeln. Ziel ist eine automatisierte Regelversorgung als Teil der klinischen Intralogistik und regionalen Versorgungsketten.

Weiterführende Links: http://www.kodrona.de ◄

Projektvorstellung 5: MV|LIFE|DRONE-CHALLENGE, Arbeitspaket Transfusionsmedizin, Greifswald

Die Abteilung für Transfusionsmedizin der Universitätsmedizin Greifswald (UMG) erprobt den UAS-gestützten Transport von Blutproben im Rahmen einer besonderen transfusionsmedizinischen Versorgungsstruktur, der „gespiegelten Blutbank" (Abb. 4.1). Diese wurde Mitte 2018 im Kreiskrankenhaus Wolgast eingeführt. Das innovative logistische Verfahren ermöglicht die Versorgung der Patienten mit Erythrozyten-

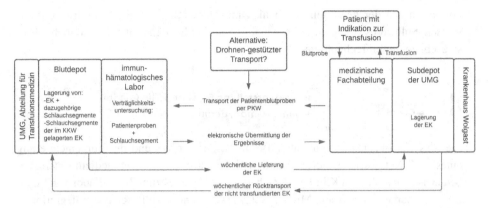

Abb. 4.1 Konzept der gespiegelten Blutbank. (Quelle: Eigene Darstellung)

konzentraten (EK) im Regelbetrieb, wie auch in Notfallsituationen, ohne dass ein eigenes immunhämatologisches Labor vorgehalten werden muss.

In Greifswald werden die Schlauchsegmente der EK, die für die Verträglichkeitsuntersuchungen genutzt werden, aufbewahrt. Die EK wiederum werden in Wolgast gelagert. Ist im Krankenhaus Wolgast eine Bluttransfusion geplant, z. B. als OP-Vorbereitung, werden die Blutproben mit den entsprechenden Dokumenten vom täglichen Regeltransport nach Greifswald transportiert. In dringlichen Situationen erfolgt ein bodengebundener Notfalltransport der Blutproben.

In der UMG werden die Verträglichkeitsuntersuchungen mit den infrage kommenden Erythrozytenkonzentraten durchgeführt. Die Ergebnisse werden elektronisch nach Wolgast übermittelt. Sollten sich keine Auffälligkeiten ergeben haben, kann nun mit den vorgehaltenen EK in Wolgast direkt mit einer blutgruppenkompatiblen Transfusion begonnen werden.

Die transfusionsmedizinische Versorgung des Krankenhauses Wolgast im Rahmen der gespiegelten Blutbank ist ein attraktives Modell für kleinere Krankenhäuser und ein beispielhaftes Szenario für den mittelfristigen Einsatz von UAS für den Transport von Blutproben. Zumal der ländliche Charakter der Region optimale Bedingungen zur Erprobung neuer Technologien in ausreichendem Abstand zu kritischer Infrastruktur bietet.

Als erster Schritt hin zur Etablierung des UAS-gestützten Transports wird im Rahmen von MV|LIFE|DRONE-CHALLENGE untersucht, ob dieser Einfluss auf die Blutprobenqualität nehmen könnte. Zudem wird die Einbindung von UAS in die vorhandene Laborlogistik geprüft und vorbereitet. Angestrebt wird die automatisierte Anbindung an das Rohrpostsystem der Universitätsmedizin Greifswald, womit ein lückenloser Transportweg von einer beliebigen Station im Krankenhaus Wolgast zu den Laboren in der Universitätsmedizin Greifswald gegeben wäre.

Im nächsten Schritt wird der bidirektionale Transport erprobt, bei dem nicht nur Blutproben zum zentralen transfusionsmedizinischen Labor, sondern auch Blutkonserven aus der zentralen Blutbank zum dezentralen Krankenhaus transportiert werden. Sollte dies gelingen, verspricht dies eine deutliche Erweiterung möglicher Einsatzgebiete dieser Technologie. ◄

Projektvorstellung 6: Labor Berlin Charité Vivantes GmbH, Berlin

Ziel des UAS-Projektes von Labor Berlin ist der Aufbau und die Implementierung eines UAS-Netzwerks in Berlin. Damit soll der Lufttransport von medizinischen Proben zwischen mehreren Kliniken der Charité und Vivantes zum Zentrallabor von Labor Berlin sichergestellt werden. Mit der Netzwerkentstehung soll auch eine Integration in neue U-space-Konzepte erfolgen.

Momentan transportiert das Labor Berlin täglich Tausende von Blutproben von Krankenhäusern im gesamten Stadtgebiet von Berlin zu dem zentralen Laborstandort am Charité Virchow Campus – vornehmlich mit Auto-Kurierdiensten. Dieser Transport kann je nach Verkehrslage und Klinikstandort bis zu einer Stunde in Anspruch nehmen.

In der Medizin geht es oft um Zeit: durch den Einsatz von Drohnen soll die Transportzeit für besonders zeitkritische Proben zwischen einzelnen Klinikstandorten und dem Zentrallabor von Labor Berlin, dem ersten Gemeinschaftsunternehmen von Charité und Vivantes, deutlich verkürzt werden.

Nach intensiver Vorarbeit starteten im November 2020 die ersten offiziellen Tests der autonomen Fluggeräte an mehreren Klinikstandorten. Das Projekt soll in 2021 beweisen, dass der Transport mittels UAS eine sichere, zeitlich besser planbare und wesentlich schnellere Alternative zu etablierten Methoden darstellen kann. Eine Zeitersparnis von bis zu 70 % wird angestrebt.

https://www.laborberlin.com/ueber-uns/drohnen/ ◄

Projektvorstellung 7: Städtisches Klinikum Braunschweig

Das Klinikum Braunschweig plant den Einsatz von UAS zum Transport von Gewebeproben (pathologischen Schnellschnitten) vom Operationssaal zu einem ca. 10 Kilometer entfernten Laborstandort. Der Transport soll während des operativen Eingriffs stattfinden: Die Patientinnen und Patienten verbleiben in Narkose, während die Gewebeprobe durch die UAS zur Ermittlung des weiteren OP-Verlaufs in die Pathologie gebracht wird.

Nach Recherchen in Braunschweig würde der Einsatz von UAS die Transportzeit halbieren und damit die Operation deutlich verkürzen. Dies würde OP-bedingte Risiken, wie lange Narkosen, für die Patienten ebenfalls reduzieren. Derzeit müssen Schnellschnittproben mit einem Pkw (Taxi) durch die Braunschweiger Innenstadt transportiert werden. Bei optimalen Verkehrsbedingungen beträgt die Fahrtzeit 20 Minuten, bei hohem Verkehrsaufkommen bis zu 45 Minuten. Die Transporte erfolgen durchschnittlich sechs- bis achtmal pro Tag im Zeitraum zwischen 7:30 Uhr und 17:00 Uhr. Das Klinikum rechnet mit einer weiteren Steigerung des Transportbedarfs in den kommenden Jahren aufgrund zunehmender Tumorerkrankungen in einer alternden Gesellschaft.

https://klinikum-braunschweig.de/lib/files/4b5w26djmmxwc7tAnfrwyzjpg27tkl6 2n8rxk6lfnz5hglzrgA7d1mzsg27dqny/006_2020_01_29-drohneneinsatz.pdf ◄

Literatur

Deutsche Flugsicherung. (2021). *Bekanntmachung über die Beförderung von gefährlichen Gütern im Luftverkehr und die Anforderungen an die Schulung der betroffenen Personen.* https://www.lba.de/SharedDocs/Downloads/DE/NfLs/Gefahrgut/NfL_2_586_21.pdf?__blob=publicationFile&v=3. Zugegriffen am 16.03.2022.

Multifunktionale UAS im Krisenmanagement

5

Mina Baumgarten, Andreas Follmann, Michael Czaplik, Oliver Heinrich und Johann Röper

5.1 Hintergrund

Multifunktionale UAS müssen nicht nur für einen speziellen Einsatzzweck in der Notfallversorgung vorgehalten werden. Vielmehr können sie in einer Vielzahl von Szenarien im Rahmen von Rettungseinsätzen genutzt werden. Die Aufgaben, bei denen UAS Rettungskräfte oder Personen direkt am Einsatzort oder in Krisensituationen spezielle Unterstützung bieten können, erstrecken sich über sechs Bereiche.

1. Kommunikation
2. Telemedizin
3. Transport von medizinischem Equipment

M. Baumgarten (✉)
Klinik für Anästhesie, Intensiv-, Notfall- und Schmerzmedizin, Universitätsmedizin Greifswald, Greifswald, Deutschland
E-Mail: mina.baumgarten@med.uni-greifswald.de

A. Follmann
Klinik für Anästhesiologie, Uniklinik RWTH Aachen, Aachen, Deutschland
E-Mail: afollmann@ukaachen.de

M. Czaplik
Docs in Clouds TeleCare GmbH, Aachen, Deutschland
E-Mail: mczaplik@docsinclouds.com

O. Heinrich
BHO Legal, Köln, Deutschland
E-Mail: oliver.heinrich@bho-legal.com

J. Röper
Universität Greifswald, Greifswald, Deutschland
E-Mail: johann.roeper@stud.uni-greifswald.de

4. Transport von Laborproben bzw. Medikamenten
5. Scouting bzw. Mapping von Krisenorten
6. Personensuche

Insbesondere in der Katastrophenmedizin gewinnen UAS-Systeme an Bedeutung. Bei einem Massenanfall von Verletzten (MANV) können diese die strukturierten Einsatzabläufe unterstützen. Rettungskräfte treffen an der Unfallstelle ein, sichten die Lage und fordern entsprechend der Lage verschiedene Einsatzkräfte nach. Zur besseren Übersicht werden Patientinnen und Patienten in Sichtungskategorien eingeteilt, um Schweregrade von Verletzungen und Behandlungsprioritäten festzulegen. Im Rahmen dieses Krisenmanagements können sensortragende Systeme, die einen Überblick über die Notfallstelle ermöglichen, eine wichtige Rolle einnehmen.

5.2   Technische Herausforderungen

Sensortragende UAS-Systeme im Gesundheitswesen müssen bei der Lösung medizinischer Aufgaben hohe technische Ansprüche erfüllen.

- Für die Sichtung von Notfallpatientinnen und -patienten bedarf es einer Sensorik, die Vitalparameter wie Herzschlag und Atemfrequenz auch von verschütteten Personen feststellen kann.
- Anhand der Strahlung von elektronischen Geräten wie z. B. Mobiltelefonen (mobile phone transmission) könnte nach Verunglückten gesucht werden.
- Wärmebild- und HD-Kameras bieten sich für die Übermittlung von GNSS-Daten in Sucheinsätzen an – die gesammelten Informationen unterstützen das Scouting an Unfallorten und erleichtern die Erstellung von Kartenmaterial für Rettungskräfte.

Neben der Sensorik, welche die Übersicht über das Einsatzgeschehen unterstützt, stellt auch das Transportgut selbst hohe technische Herausforderungen an das UAS. Insbesondere Medikamente, Diagnosetests und spezielles Equipment wie etwa Wärmedecken kommen für den Transport infrage, um schlecht zugängliche Betroffene zu erreichen. Diese Gegenstände mit unterschiedlichen Größen und Gewichten bedürfen somit jedoch unterschiedlicher Transportbehälter und -vorrichtungen. Sie beeinflussen das Abfluggewicht des UAS in verschiedenem Maße und stellen damit Anforderungen an dessen Leistungsfähigkeit.

5.3   Rechtliche Herausforderungen

Zu den bereits genannten technischen Herausforderungen treten spezifische Herausforderungen, die sich aus der Detektion von Patientendaten ergeben.

Einerseits werden durch das UAS Gesundheitsdaten, z. B. hochauflösende Bewegtbilder von als Patientinnen bzw. Patienten identifizierten Personen sowie Vitalparameter, erfasst und in automatisierten Verfahren verarbeitet. Bei solchen Gesundheitsdaten handelt es sich um sog. besondere Kategorien personenbezogener Daten im Sinne des Art. 9 Abs. 1 DSGVO und § 22 BDSG. Diese unterliegen einem besonderen gesetzlichen Schutz, sodass die Verarbeitung dieser Daten strengeren Anforderungen an die Rechtsgrundlage und den faktischen Schutz durch angemessene und spezifische Maßnahmen zur Wahrung der Interessen der betroffenen Personen unterliegt, als es für die Verarbeitung von allgemeinen personenbezogenen Daten der Fall ist.

Andererseits dürfte es sich bei einem sensortragenden UAS-System, das eine teilautomatisierte Sichtung von Betroffenen mittels kontaktloser Detektion der Vitalparameter vornimmt, um ein Medizinprodukt im Sinne des § 3 Abs. 1 b) Medizinproduktegesetz (MPG) handeln. Es ist ein Instrument, „das zur Anwendung für Menschen mittels [seiner] Funktionen zum Zwecke der Erkennung, […], Überwachung, Behandlung, Linderung […] oder Kompensierung von Verletzungen oder Behinderungen […] zu dienen bestimmt ist und dessen bestimmungsgemäße Hauptwirkung am menschlichen Körper weder durch pharmakologisch oder immunologisch wirkende Mittel noch durch Metabolismus erreicht wird […]".

Die Einordnung als Medizinprodukt erfolgt zwar nicht von Gesetzes wegen, sondern folgt gem. § 3 Abs. 1 MPG seiner Zweckbestimmung durch den Hersteller. Diese Zweckbestimmung dürfte zumeist sowohl in subjektiver als auch in objektiver Hinsicht aus der insoweit maßgeblichen Sicht des angesprochenen Verkehrs vorliegen. Das Inverkehrbringen eines sensortragenden UAS-System ist damit grundsätzlich erst nach dem Nachweis der Sicherheit und der medizinisch-technischen Leistungsfähigkeit des Produkts durch die Durchführung eines Konformitätsbewertungsverfahrens im Sinne des § 6 Abs. 1 und 2 MPG in Verbindung mit §§ 3 und 7 der nationalen Medizinprodukte-Verordnung (MPV) sowie (noch) der Richtlinie 93/42/EWG (Medizinprodukterichtlinie) bzw. prospektiv ab Mai 2021 der Verordnung (EU) 2017/745 (Medizinprodukteverordnung) zulässig.

Im Hinblick auf das weitere Anwendungsszenario des Einsatzes von UAS in einsatztaktisch-organisatorische Entscheidungen bei Katastrophenschutzeinsätzen dürften sich sowohl in datenschutzrechtlicher als auch in medizinprodukterechtlicher Hinsicht dieselben Fragen stellen.

In datenschutzrechtlicher Hinsicht betrifft dies insbesondere die Frage nach der Rechtsgrundlage und des faktischen Schutzes bei der Verarbeitung von besonderen Kategorien personenbezogener Daten (bspw. durch angemessene und spezifische Maßnahmen zur Wahrung der Interessen der betroffenen Personen). Wenn hochauflösende 360-Grad-Kameras an Einsatzorten Bewegtbilder mit zahlreichen Personen aufzeichnen, ist davon auszugehen, dass diese als besondere Kategorien personenbezogener Daten einzuordnen sind, weil sie selbstverständlich Rückschlüsse auf den Gesundheitsstatus (etwa über Verletzungen) der betroffenen Personen zulassen.

Entsprechend dürfte auch diesbezüglich der Einsatz als Medizinprodukt zu prüfen sein. Denn es ist nicht von vornherein auszuschließen, dass der Einsatzzweck der UAS im konkreten Einsatzszenario auch der „Erkennung" und „Überwachung" […] „von Verletzungen oder Behinderungen" dienen kann.

Projektvorstellung 8: FALKE, Aachen

Die Vision des vom Bundesministerium für Bildung und Forschung geförderten Forschungsprojektes FALKE (Follmann, 2019; https://projekt-falke.org), an dem die RWTH Aachen in einem Konsortium mit mehreren KMU-Partnern beteiligt ist, ist eine teilautomatisierte Sichtung von Patienten mittels kontaktloser Detektion der Vitalparameter (wie beispielsweise Herz- und Atemfrequenz) durch verschiedene an einem unbemannten Flugsystem installierter Sensoren (Pereira et al., 2014, 2016). Mit Alarmierung von Einsatzkräften wird automatisch ein UAS via GPS-Koordinaten zum Einsatzort entsendet. Dort nimmt FALKE zunächst eine automatisierte Sichtung von als Patienten identifizierten Personen mithilfe von drei verschiedenen Methoden vor: einer hochauflösenden RGB-Kamera, einer Wärmebildkamera sowie einem Radarsensor. Die Anzahl der Betroffenen wird erfasst, die Verletzten werden katalogisiert. Die kontaktlos ermittelten Vitaldaten führen zu einem individuellen Sichtungsergebnis, das an einen telemedizinisch angebundenen Leitenden Notarzt (Tele-LNA) weitergeleitet wird, der die Sichtungsergebnisse beurteilt und bestätigt bzw. korrigiert, oder weitere Informationen durch eine Nachsichtung anfordert (Abb. 5.1). Erste Testflüge zur klini-

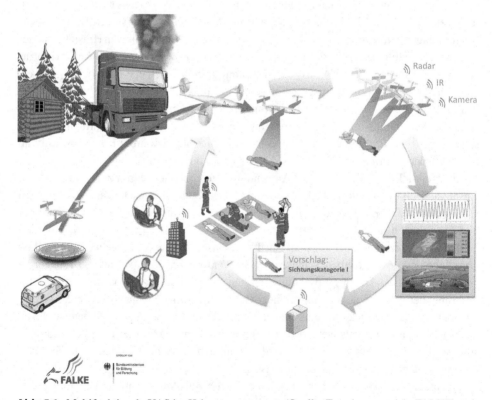

Abb. 5.1 Multifunktionale UAS im Krisenmanagement. (Quelle: Forschungsprojekt FALKE)

schen Validierung der Sensordaten sind bereits erfolgt, das Projektergebnis ist ein flugfähiger Demonstrator.

UAS ermöglichen jedoch auch eine weitere Einbindung in einsatztaktisch-organisatorische Entscheidungen. Im ebenfalls BMBF-geförderten Forschungsprojekt VirtualDisaster (https://virtualdisaster.de), wiederum unter Beteiligung der RWTH Aachen, soll ein/e Tele-Einsatzleiter/in nach Vorbild des Aachener Telenotarztes in das Katastrophenszenarium eingebunden werden. Hierzu werden unbemannte Flugsysteme mit 360°-Kameras und einem Laser-basierten Abstandsmesser (LiDAR: Light Detection and Ranging) an Bord entsendet und suchen sich automatisiert einen geeigneten Landeplatz am Einsatzort, von dem aus kontinuierlich Live-Videodaten der 360°-Kameras abgerufen werden können. Bereits im Anflug werden Geländeinformationen in Form einer 3D-Punktwolke gespeichert, um die 3D-Rekonstruktion eines virtuellen Lageplans der Einsatzstelle zu erstellen. Somit können Einsatzleitende sich mithilfe einer Virtual-Reality-Anwendung in die virtuelle Einsatzstelle begeben und die Führungs- und Einsatzkräfte vor Ort effizient unterstützen.

Abb. 5.1 Im Forschungsprojekt FALKE wird ein unbemanntes Flugsystem mit insgesamt drei Sensoren zur kontaktlosen Vitalparameterdetektion (konventionelle Kamera, Infrarotthermografie sowie Radar-Sensorik) eingesetzt, um den Verletzungsgrad von Opfern zu beurteilen und ihnen eine entsprechende Sichtungskategorie teilautomatisiert zuzuweisen (Quelle: Projekt FALKE). ◄

Literatur

Follmann, A. (2019). Technical support by smart glasses during a mass casualty incident: A randomized controlled simulation trial on technically assisted triage and tele-medical app use in disaster medicine. *Journal of Medical Internet Research, 21*(1), e11939.

Pereira, C. B., et al. (2014). *Contact-free monitoring of circulation and perfusion dynamics based on the analysis of thermal imagery.* Biomed Opt Express 5: Optical Society of America.

Pereira, C. B., Yu, X., & Blazek, V. (2016). *Multisensor data fusion for enhanced respiratory rate estimation in thermal videos.* The Institute of Electrical and Electronics Engineers, Incorporated (IEEE).

Teil III

Innovationsbarrieren für unbemannte Flugsysteme in der Gesundheitsversorgung

Aus dem deskriptiven Ansatz des ersten Abschnittes, in dem Herausforderungen für die Durchführrung der verschiedenen Anwendungsszenarien beschrieben wurden, folgt in Abschnitt B die Formulierung von konkreten und projektübergreifenden Innovationsbarrieren, die einer künftigen luftgestützten Medizinlogistik gegenüberstehen. Diese ergeben sich aus vier Bereichen, dem deutschen System der Gesundheitsversorgung, gesetzlichen Betriebshindernissen sowie technischen Entwicklungslücken. Betriebskonzepte stellen die gemeinsame Schnittmenge dieser drei Säulen für die weitere Forschung, Entwicklung und schließlich die Innovationsadoption dar. Den in diesem Abschnitt formulierten Innovationsbarrieren werden in Teil IV schließlich Ansätze zur Überwindung gegenübergestellt.

Entwicklungshindernisse aus dem aktuellen Versorgungssystem

6

Berthold Henkel, Beate Elbers, Johann Röper, Julia Kuntosch, Skadi Stier, Steffen Fleßa, Mina Baumgarten und Klaus Hahnenkamp

B. Henkel (✉) · M. Baumgarten
Klinik für Anästhesie, Intensiv-, Notfall- und Schmerzmedizin, Universitätsmedizin Greifswald, Greifswald, Deutschland
E-Mail: berthold.henkel@med.uni-greifswald.de; mina.baumgarten@med.uni-greifswald.de

B. Elbers
skbs.digital – Städt. Klinikum Braunschweig, Braunschweig, Deutschland
E-Mail: beate.elbers@skbs.digital

J. Röper
Universität Greifswald, Greifswald, Deutschland
E-Mail: johann.roeper@stud.uni-greifswald.de

J. Kuntosch
Gesundheitsmanagement, Universität Greifswald, Greifswald, Deutschland
E-Mail: julia.kuntosch@uni-greifswald.de

S. Stier
Unternehmensentwicklung, DRF Luftrettung, Filderstadt, Deutschland
E-Mail: skadi.stier@drf-luftrettung.de

S. Fleßa
Gesundheitsmanagement, Universität Greifswald, Greifswald, Hansestadt, Deutschland
E-Mail: steffen.flessa@uni-greifswald.de

K. Hahnenkamp
Klinik für Anästhesie, Intensiv-, Notfall- und Schmerzmedizin, Universitätsmedizin Greifswald, Greifswald, Hansestadt, Deutschland
E-Mail: klaus.hahnenkamp@uni-greifswald.de

© Der/die Autor(en), exklusiv lizenziert durch Springer Fachmedien Wiesbaden GmbH, ein Teil von Springer Nature 2022
M. Baumgarten et al. (Hrsg.), *Unbemannte Flugsysteme in der medizinischen Versorgung*, https://doi.org/10.1007/978-3-658-35372-8_6

6.1   Innovationsförderung in Silos

Die vorgenannten Forschungsprojekte stellen Förderansätze politischer Auftraggeber/innen dar und folgen oftmals gleichen oder ähnlichen Zielsetzungen. Der Erfolg der Projekte führt zu sehr unterschiedlichen Umsetzungen und bereichert somit zunächst die Forschung und Entwicklung. Diese Vielfalt liegt in der unterschiedlichen Bewertung komplexer Sachverhalte und Entwicklung projektbezogener Lösungen begründet, die jedoch nicht ohne weiteres übertragbar sind. Deshalb ergeben sich Insellösungen, die die Schwierigkeit illustrieren, außerhalb von geschützten Projekträumen flächendeckende Innovationen umzusetzen. Zeitgleich birgt dies das hohe Risiko eines redundanten Ressourceneinsatzes, insbesondere dort, wo den Forschungsansätzen Transparenz und Zwischenergebnisse fehlen.

Diese Problematik wird durch die stark fragmentierte Innovationsförderung intensiviert. Die Konzentration auf kleinteilige Forschungsprojekte führt zu einer Weiterverfolgung lokaler Ansätze in Silos. Damit trägt eine fragmentierte Förderlandschaft zur Manifestation gleichermaßen fragmentierter Lösungsansätze bei und steht sich als selbst geschaffene Innovationsbarriere der Standardisierung noch dazu im Wege.

6.2   Fehlende Konzepte zur nachhaltigen Finanzierung der Innovationsadoption

Bisher ist offen, wie die Finanzierung von UAS-Dienstleistungen im Gesundheitswesen im Falle einer Regelversorgung gestaltet werden könnte. Die Förderung kleinerer Forschungsprojekte über kurze Zeiträume lässt sich nicht auf die Ansprüche einer standardisierten Regelversorgung übertragen. Hier steht die innovative UAS-Technologie exemplarisch für Erneuerungsbestrebungen im Gesundheitswesen: Es liegt in der Natur einer Innovation, dass sie nicht wie selbstverständlich in einen bereits bestehenden Sektor oder ein Budget- bzw. Finanzierungsmodell passt. Da auch die Innovationsförderung in Silos eine bisher ungelöste Innovationsbarriere darstellt, können bspw. Ausgründungen aus Forschungsprojekten kein Geschäftsmodell formulieren. Es besteht ein (zu) hohes Risiko, dass Lösungen geschaffen werden, die hinter den eigentlichen Möglichkeiten zurückbleiben oder nur unter Ausschöpfung von ehrenamtlichem Engagement umsetzbar sind.

Potenzielle Nachfrager aus den Bereichen der Gesundheitsversorgung verfügen selbst bei Überwindung der oben beschriebenen Informationsasymmetrien oftmals über zu geringe Investitionskapazitäten, um eine Umstellung funktionierender logistischer Strukturen zu wagen. Eine Finanzierung der beschleunigten Logistik über Selbstzahler oder als Satzleistungen der privaten oder gesetzlichen Krankenkassen erscheint nur schwer argumentier- und umsetzbar (Vgl. Fleßa et al., 2020, S. 1–10).

6.3   Fehlende Nachfrage aufgrund von Informationsasymmetrien

Fehlende Bedarfsentstehung

UAS sind technisch so ausgereift, dass sie bereits in verschiedenen Branchen als Transportmittel genutzt werden können – nicht aber in den verschiedenen Sektoren der Gesundheitsversorgung. Während das technische Potenzial der Innovation verfügbar ist, fehlt ihre Anwendbarkeit für verschiedenste Prozesse der Gesundheitsversorgung, es gibt bisher auch kein direkt verfügbares Dienstleistungsangebot.

Mögliche medizinische Anwender fragen deshalb zurzeit noch keine UAS-Logistik nach. Zwar werden, wie in den Anwendungsszenarien beschrieben, subjektiv Mängel wahrgenommen, eine Bedarfserkenntnis folgt daraus bislang jedoch nicht. Das mag an Informationsdefiziten liegen, zudem erschwert die dynamische Entwicklung und die Komplexität der Innovationen das Verständnis für Nutzungsoptionen.

Diese Problematik belegt Informationsasymmetrien zwischen Angebot und Nachfrage. Güter, die in der Lage wären, bestehende Bedürfnisse zu befriedigen, werden also weder erkannt noch definiert.

Unkenntnis über Prozesskosten

Für einen funktionierenden Marktmechanismus, der eine Nachfrage ermöglicht, fehlen Bewertungsansätze für erbrachte Leistungen. Zum einen ist bei vielen medizinischen Leistungserbringern die Kenntnis der eigenen Kostenstrukturen nicht vorhanden. So liegt oftmals keine Kenntnis über innerbetriebliche Transportkosten und -Preise vor. Auch weitere ökonomische Einflüsse sind hinsichtlich ihrer Ausprägung unbekannt, wie etwa die langfristigen Folgekosten einer Innovationsimplementierung. Zum anderen ist ein Benchmarking aus bereits adoptierten UAS-Lösungen bislang ausgeblieben.

Wesentliche betriebswirtschaftliche Kennzahlen, mit denen die Effizienz von UAS-Lösungen durch medizinische Leistungserbringer bewertet oder Konzepte für eine Investitions- und Finanzierungsrechnung inkl. Preissetzung abgebildet werden könnten, fehlen somit.

6.4   Fehlen von Netzwerkkonzepten

In einem funktionierenden UAS-Netzwerkkonzept wären medizinische Anwender und Leistungserbringende, Rettungsdienste und Hilfsorganisationen sowie Leitstellen und Freiwilligenorganisationen administrativ, technisch und fachlich vernetzt. Die Versorgung erfolgt entlang gemeinsam definierter patientenzentrierter (Be-)Handlungspfade. Diese Integration ist bisher nicht erfolgt. Das Fehlen von Netzwerkkonzepten stellt damit die zentrale Hürde für die Integration von UAS in bestehende Versorgungsstrukturen dar, gleichzeitig liegt hier für die erfolgreiche Umsetzung auch eines der größten Potenziale.

Der Ausgestaltung eines Netzwerkkonzeptes stehen Sektorengrenzen, rechtliche Grundlagen der Trägerschaften von medizinischen und anderen Versorgungsangeboten, sowie teilweise weitreichende Fehlanreize, bspw. durch bestehende Innovationsförderungen gegenüber. Weitere Herausforderungen sind bspw. die zum größten Teil strikt sektorenorientierten Organisations-, Dokumentations- und Abrechnungsmodalitäten.

Unterschiedliche Einsatzszenarien der Anwender erfordern differenzierte Lösungsansätze. Bisher ist die Integration von UAS in die verschiedenen Einsatzszenarien ungeklärt. Gleichsam fehlt ein Indikationskatalog und die Einbindung in die Versorgungsprozesse, d. h. die Verortung des UAS-gebundenen Transports in der Gesamtstruktur des Einsatzszenarios. Weiterhin muss geklärt werden, in welchen Zuständigkeitsbereich die Steuerung, Überwachung, Einsatzplanung und Wartung der UAS fällt. Die technischen Lösungen für Alarmierung und zentrale Steuerung sind ebenfalls noch nicht vorhanden.

Standortplanung
Der medizinische Einsatzzweck definiert die technischen Eigenschaften und den individuellen Standort des unbemannten Luftfahrzeugs. Hierbei müssen spezifische Anforderungen des medizinischen UAS-Einsatzes wie Dringlichkeit, Einsatzradius, Erreichbarkeit in Minuten und Transportanforderungen berücksichtigt werden. Der Standortdichte und Einsatzgeschwindigkeit der UAS stehen die zeitlichen Ansprüche der Anwender gegenüber. Die aus der medizinischen Nutzung resultierenden Standortanforderungen werden durch die technischen und gesetzlichen Anforderungen des UAS-Betriebes weiter verschärft. Somit entstehen kritische Innovationsbarrieren für die Integration von UAS in die medizinischen Versorgungssysteme.

Für die Standortplanung sind zwei Ebenen zu unterscheiden. Die erste Ebene beschreibt benötigte Standortstrukturen innerhalb eines Versorgungsnetzwerkes. Dabei gilt es z. B. je nach Versorgungsgebiet und Anwendungsfall abzuwägen, ob der Einsatz eines UAS gegenüber bestehenden und erprobten medizinischen Versorgungsstrukturen einen Mehrwert generiert und so die Innovation rechtfertigt (s. auch Darstellung der Anwendungsszenarien in Kap. 3). Neben den zeitlichen Aspekten spielen in der Bewertung auch die Kosten des jeweiligen Ansatzes eine entscheidende Rolle.

Die zweite Ebene betrifft die Standortplanung in Abstimmung mit Schnittstellen zu angrenzenden Versorgungssystemen. So könnten von der Rettungsmedizin eingesetzte UAS auf Dächern von Rettungswachen, Polizeiwachen oder Feuerwehren stationiert werden. UAS für Labortransporte benötigen hingegen eine Ablieferungs- und Annahmemöglichkeit am Gebäude der jeweiligen Einrichtung und ggf. eine Einbindung an logistische Systeme am Boden.

Modelle für eine optimale Standortplanung gibt es bislang nicht.

6.5   Mangel an Fachpersonal

Personalbedarf

Nach derzeitigem Stand ist ein vollständig automatisierter und personenfreier UAS-Betrieb noch nicht möglich. Auch bei zunehmender Automatisierung würde sicherzustellen sein, dass geeignetes Personal vor Ort oder in der Nähe verfügbar ist. Dieses Personal wird z. B. benötigt für:

- Luftraumbeobachtung,
- Wartung, Sichtkontrolle,
- Akkutausch, Nutzlastbestückung,
- Freigabe für Start und Landung,
- Bedienung von Energie- und Dateninfrastruktur.

Übergreifende Konzepte zur Übernahme dieser Tätigkeiten durch im Gesundheitssystem verfügbare Personalressourcen liegen ebenso wenig vor wie eine Bedarfsplanung für einen langfristigen Regelbetrieb.

Schulungskonzepte

Der UAS-Einsatz im Gesundheitswesen erfordert die Qualifizierung des Personals und eine entsprechende Definition der Arbeitsaufgaben. In Analogie zu Kraftfahrzeugführern sind zurzeit UAS-Fernpiloten notwendig. Bisher fehlen verbindliche Konzepte, welche Spezialisierung für den Betrieb von UAS in den jeweiligen medizinischen Anwendungsbereichen erforderlich ist. Unter Berücksichtigung der dargestellten rechtlichen Anforderungen an den medizinischen Transport stellt dies ein wesentliches Betriebshindernis dar.

Literatur

Fleßa, S., Aichinger, H., & Bratan, T., (2020). *Innovationsmanagement diagnostischer Geräte am Beispiel der Detektion zirkulierender Tumorzellen*. Gesundheitsökonomie & Qualitätsmanagement.

Gesetzliche Betriebshindernisse

Mina Baumgarten, Oliver Heinrich, Felix Schwarz
und Paul Studt

Jeglicher Einsatz von UAS wird von rechtlichen Rahmenbedingungen geregelt, aus denen sich praktische Hindernisse für den spezifischen wie auch für den allgemeinen Flugbetrieb ergeben. Dabei werden die besonderen Anforderungen von UAS-Einsätzen kaum berücksichtigt, zudem errichten diese Regelungen wesentliche Barrieren für die Innovationsadoption, zumal sie nicht mit der technischen Entwicklung Schritt halten (können).

Eingeschränkte Genehmigungen für Flugrouten

Die geografischen Beschränkungen der Luftverkehrsordnung, außerhalb des Einsatzes von Behörden und Organisationen mit Sicherheitsaufgaben, führen zu einer erheblichen Einschränkung der Einsatzmöglichkeiten von UAS im Gesundheitswesen. Der Betrieb über den in § 21h Abs. 1 LuftVO genannten Gebieten erfordert erheblichen Planungsaufwand, verbunden mit der Gefahr, dass Zustimmungen bzw. Genehmigungen verweigert werden und der Flug erheblich umgestellt werden muss oder sogar gänzlich unpraktikabel wird. Eine spontane Nutzung von UAS ist nur sehr eingeschränkt möglich.

Einschränkungen der Einsatzbereitschaft

Bei Transporten von AED zu einem Noteinsatz oder Blut- und Gewebeproben zur Pathologie während einer Operation handelt es sich um zeitlich nicht aufschiebbare Flüge. Sind

M. Baumgarten (✉)
Klinik für Anästhesie, Intensiv-, Notfall- und Schmerzmedizin, Universitätsmedizin
Greifswald, Greifswald, Deutschland
E-Mail: mina.baumgarten@med.uni-greifswald.de

O. Heinrich · F. Schwarz · P. Studt
BHO Legal, Köln, Deutschland
E-Mail: oliver.heinrich@bho-legal.com; felix.schwarz@bho-legal.com

© Der/die Autor(en), exklusiv lizenziert durch Springer Fachmedien Wiesbaden
GmbH, ein Teil von Springer Nature 2022
M. Baumgarten et al. (Hrsg.), *Unbemannte Flugsysteme in der medizinischen
Versorgung*, https://doi.org/10.1007/978-3-658-35372-8_7

die Fluggeräte nicht zu jeder Zeit und Wetterlage einsetzbar, bestehen kritische Innovationsbarrieren.

In der Luftfahrt gelten klare Regeln, wann unter welchen Bedingungen geflogen werden darf. Diese sind in den Standardised European Rules of the Air (SERA) aufgeführt. Dabei handelt es sich um Regeln, die ursprünglich für die bemannte Luftfahrt geschaffen wurden. Diese Regeln sind auf unbemannte Luftfahrzeuge nur eingeschränkt anwendbar und verhindern, dass sie ihren Nutzen entfalten können.

Betreiber von UAS müssen sich als Luftverkehrsteilnehmende ebenfalls an diese Regeln halten und nach Sichtflugregeln (visual flight rules = VFR) fliegen. Zum Beispiel darf in Luftraum G (unterste, auf dem Boden aufliegende Schicht) die Flugsicht bei Flügen unter 10.000 Fuß Höhe nicht weniger als 5 Kilometer betragen, der Abstand zu den Wolken muss horizontal 1500 Meter und vertikal 300 Meter messen. In der Kontrollzone ist darüber hinaus darauf zu achten, dass die Wolkenuntergrenze nicht unter 450 Meter liegt. Maßgeblich hierbei ist das Wetter am Flughafen.[1]

Bereits aufgrund der geringen Größe von unbemannten Luftfahrzeugen lassen sich die o. g. Regeln nicht eins zu eins übertragen, bzw. spielen sie gar keine Rolle, weil sie durch andere Vorschriften überlagert werden. Ein kleineres UAS lässt sich bereits in 100 Metern Entfernung ohne technische Hilfsmittel nur schwer erkennen – zumindest gilt dies für die Fluglage und -richtung, die für den Sichtflug von entscheidender Bedeutung ist. Diese Schwierigkeit besteht selbst beim Einsatz der nach SERA vorgeschriebenen farbigen Positionslichter.[2]

Erfolgt ein Flug nicht durch eine Behörde zur Wahrnehmung ihrer Aufgaben, eine Organisation mit Sicherheitsaufgaben in Not- und Unglücksfällen sowie Katastrophen oder durch einen Dritten unter ihrer Aufsicht, kann der Betrieb nach Art. 4 Abs. 1 lit. b) der Verordnung (EU) 2019/947 ab einer Startmasse von 25 kg nicht mehr in der offenen Kategorie erfolgen und muss dann in der erlaubnispflichtigen speziellen Kategorie durchgeführt werden. Erfolgt der Einsatz von UAS im Zusammenhang mit der Versorgung von Patientinnen bzw. Patienten, ist der Betrieb angesichts der BVLOS-Einschränkungen zudem praktisch immer erlaubnis- oder genehmigungsbedürftig, da Art. 4 Abs. 1 lit. d) der Verordnung (EU) 2019/947 innerhalb der erlaubnisfreien offenen Kategorie grundsätzlich nur Flüge im direkten Sichtbereich zulässt. Auch der Transport von gefährlichen Gütern ist nach lit. f) des Art. 4 Abs. 1 innerhalb dieser Kategorie untersagt. Bei Erteilung der Betriebsgenehmigung für einen Flug in der speziellen Kategorie ist davon auszugehen, dass die Luftfahrtbehörde eine generelle Genehmigung auf Grundlage eines zuvor geprüften Betriebskonzepts erteilt, unter dem dann ohne weiteres die hiervon erfassten Flüge durchgeführt werden können.

---

[1] Vgl. SERA.5001.
[2] Vgl. SERA.3215 betr. Positionslichter.

Fehlende Regeln zur Sichtbarkeit im Luftraum

Im Rahmen aktueller Pilotprojekte findet der UAS-Betrieb in den jeweiligen Projekten durch Insellösungen statt. Eine standardisierte Integration in den Luftraum erfolgt nicht. Bisher werden geplante UAS-Testflüge als NOTAM (Notice to Airmen) bei der DFS (Deutsche Flugsicherung) angemeldet. Zudem findet vor und während der Flugphasen ein engmaschiger Austausch zwischen umliegenden Flugplätzen, Rettungshubschrauberstationen und den UAS-Pilotinnen und –Piloten statt. Dies gestaltet sich als sehr zeitaufwendig und ist vor allem für die Durchführung spontaner Flüge ineffizient.

Die teilweise Nutzung von Trackingsystemen zur Beobachtung der Echtzeit-Flugbewegungen ist zwar ein Schritt in die richtige Richtung, zugleich aber problematisch, da nicht alle am Luftverkehr Teilnehmenden das UAS während ihrer Flüge sehen können. Bislang sind UAS nicht als zusätzliche Einsatzmittel in vorhandene Leitstellensysteme sowie Flugleitsysteme integriert. UAS können deshalb bisher nicht zentral innerhalb der Gesundheitsversorgung getrackt oder zentral alarmiert, koordiniert, überwacht und gesteuert werden.

In einigen aktuellen Pilotprojekten wurden eingesetzte UAS mit spezieller Sensorik zur Kommunikation im Luftraum ausgestattet. Zwar erkennt das unbemannte Luftfahrzeug hierbei weitere Luftraumnutzer, ist jedoch andersherum nicht in der Lage, Signale zu senden, welche das UAS für andere Luftfahrzeuge sichtbar macht. Dies ist besonders bei weiterem UAS-Verkehr problematisch, da hier kein „See and Avoid" stattfindet. Dieser Begriff („Sehen und Ausweichen") beschreibt Maßnahmen zur Sicherheit im Flugverkehr, um Zusammenstöße in der Luft zu vermeiden. Anders als bemannte Luftfahrzeuge sind UAS nicht ohne weiteres in der Lage, andere ebenfalls im Luftraum befindliche Verkehrsteilnehmende zu registrieren. Es mangelt an spezieller Sensorik, die Hindernisse erkennt und diesen automatisch ausweicht. Diese Technologie wird als „Sense and Avoid" („Erkennen durch Sensoren" und „Ausweichen") bezeichnet.

Fehlende Regeln zur Kommunikation im Luftverkehr

Die Kommunikation mit anderen Luftfahrtteilnehmenden ist für die Sicherheit im Luftverkehr ein wichtiger Aspekt. Das betrifft die Koordination und Abstimmung mit den jeweils Beteiligten vor jedem Flug sowie die Kommunikation zwischen den Fluggeräten während der Flüge.

Vor Durchführung von UAS-Flügen ist es von sicherheitsrelevanter Notwendigkeit, sämtliche möglicherweise davon betroffene Verkehrsteilnehmende über die Flugdaten zu informieren. In den Forschungsprojekten wurde dies mitunter telefonisch durchgeführt, was zeitaufwendig und besonders bei der Durchführung spontaner Flüge nicht zielführend ist.

Eine Alternative dazu könnte die Ausstattung von UAS mit einem speziellen Kommunikationsmodul darstellen, das sämtliche relevanten Daten an ein zentrales Verkehrsmanagementsystem übermittelt. Allerdings funktioniert das Auslesen dieser Daten nur, wenn eine entsprechende Infrastruktur eingerichtet und die Fluggeräte entsprechend ausgerüstet sind.

Bisher gibt es keine Vorgabe zur standardmäßigen Regelung der Luftraumkommunikation von UAS, Ansätze dafür befinden sich in der Entwicklung. Auf europäischer Ebene hat die EASA unter dem Begriff „U-Space" ein Konzept für das Verkehrsmanagement für unbemannte Luftfahrzeuge entwickelt. Hierzu wurde im April 2021 eine Durchführungsverordnung erlassen (nachfolgend: „U-Space-Verordnung").[3] Nach der U-Space-Verordnung obliegt es den Mitgliedstaaten, Lufträume festzulegen, in denen die Regelungen des U-Space-Konzepts anwendbar sind. Innerhalb eines U-Space-Luftraums müssen Dienstleistungen zur Identifikation des UAS, für „Geo-Sensibilisierung" und zur Genehmigung der Flüge im U-Space sowie ein Verkehrsinformationsdienst verpflichtend angeboten und genutzt werden.

Ein Verkehrsmanagementsystem hat das Potential, den BVLOS-Betrieb erheblich zu erleichtern und ist eine wichtige Voraussetzung, um eine Vielzahl von UAS in den Luftraum zu integrieren. Jedoch zeigen sich in der Durchführungsverordnung auch Innovationsbarrieren. So ist derzeit nicht eindeutig geklärt, wie die Anforderungen an den U-Space auf Einsätze im BOS-Bereich Anwendung finden. Einerseits könnte die vollständige Anwendung dem Konzept eines privilegierten Fliegens entgegenstehen. Die vollständige Herausnahme von BOS-Einsätzen aus dem U-Space-Konzept wiederum könnte aber den damit einhergehenden Sicherheitsanforderungen entgegenstehen und das U-Space-Konzept erheblich untergraben. Zumal sind bei Ausnahmen von der Anwendung der EU-Regeln für bestimmte Bereiche auch immer noch die Sicherheitsziele der EASA-Grundverordnung und damit letztlich auch hierauf erlassenen Durchführungsverordnung zum U-Space zu beachten. Allein die daraus resultierende Rechtsunsicherheit kann sich negativ auf die Entwicklung innovativer Konzepte für Notfalldrohnen im U-Space-Bereich auswirken. Bis die Integration von Notfalldrohnen in den U-Space-Bereich geklärt ist, ist der Betreiber nur dann auf der sicheren Seite, wenn er die Anforderungen zum U-Space auch in seinem Betriebskonzept beachtet. Die daraus resultierenden Anforderungen sind allerdings hoch und teilweise mit den Notwendigkeiten bei Notfalleinsätze schwerlich vereinbar. So müssen UAS-Betreiber nach Art. 6 Abs. 4 der U-Space-Verordnung vor jedem Abflug eine Genehmigungsanfrage („authorisation request") beim U-Space-Dienstleister stellen und unter anderem exakte Flugroute, Wegpunkte, Abflug- und Landezeit (4D-Flugbahn), Höchstflugdauer sowie weitere technische Details des Fluges übermitteln. Des Weiteren muss vor dem Abflug eine Aktivierung der Genehmigung angefragt und ihre Bestätigung abgewartet werden. Gemäß den unverbindlichen „Acceptable Means of Compliance"[4] zum U-Space-Konzept heißt es, dass die Übermittlung der Genehmigungsanfrage vor dem voraussichtlichen Abflugzeitpunkt zu erfolgen hat und der Fernpilot sich dann an die Vorgaben der Freigabe zu halten hat. Damit stellt die Verordnung ein Hindernis für den zeitkritischen

---

[3]Vgl. Durchführungsverordnung (EU) 2021/664 der Kommission vom 22. April 2021 über einen Rechtsrahmen für den U-Space. https://eur-lex.europa.eu/legal-content/DE/TXT/?uri=CELEX:32021R0664.

[4]Vgl. EASA (2020), Draft acceptable means of compliance (AMC) and Guidance Material (GM) to Opinion No 01/2020 on a high-level regulatory framework for the U-space. https://www.easa.europa.eu/document-library/notices-of-proposed-amendment/npa-2021-14.

Notfallbetrieb dar, zumal derzeit nicht absehbar ist, wie viel Zeit bis zu einer Genehmigungserteilung verstreicht. Zum Vergleich: In der bemannten Luftfahrt gilt für den sogenannten Primäreinsatz, also die klassische Notfallrettung, eine Einsatzbereitschaft mit einer Vorlaufzeit von zwei Minuten. Pilotinnen und Piloten von Rettungstransporthubschreibern (RTH) sind im Einsatz bemüht, möglichst verzögerungsfrei zu starten.

In den „Acceptable Means of Compliance" heißt es auch, dass die von den Mitgliedsstaaten bestimmten zuständigen Behörden Abweichungen festlegen können. Inwiefern auf mitgliedsstaatlicher Ebene von den Anforderungen der U-Space-Verordnung tatsächlich abgewichen werden darf, kann jedoch noch nicht beurteilt werden. Der Notfallbetrieb im U-Space-Luftraum sollte aber auch vor diesem Hintergrund umsetzbar sein. Sonst bliebe der Einsatz von UAS zur Notfallrettung nur in Lufträumen möglich, die nicht als U-Space-Luftraum festgelegt wurden – das wäre ein geradezu paradoxes Ergebnis gegenüber dem Ziel, gerade dort die Integration von UAS zu realisieren.

Zur weiteren Entwicklung der Regelungen für den Einsatz medizinischer Drohnen im U-Space empfiehlt sich eine Orientierung an den Regelungen der bemannten Luftfahrt. Dort bedarf es zum Start von Hubschraubern der Luftrettung grundsätzlich keiner Genehmigung. Der Einsatz bemannter Rettungshubschrauber findet unter Sichtflugregeln statt und genießt im Luftraum grundsätzlich Vorrang. Das Genehmigungserfordernis müsste gleichermaßen beim Betrieb von UAS zur Notfallrettung entfallen. Ein Sichtflug im engeren Sinne ist für UAS im Notfallszenarium zwar nicht möglich, dieser Sicherheitsmangel könnte jedoch durch technische Systeme ausgeglichen werden. Ein System zur Priorisierung, das u. a. auch „medizinische Flüge" berücksichtigt, ist in der U-Space-Verordnung bereits angelegt.[5]

Datensicherer Transport
Im Hinblick auf den Transport von Proben und ggf. weiterer Dokumente, die personenbezogene Daten enthalten können, sind technische und organisatorische Maßnahmen vorzusehen, insbesondere für den Fall, dass das UAS abstürzt oder außerhalb des vorgesehenen Landeplatzes landet. Werden Proben und Dokumente z. B. in Rohrpostkartuschen transportiert, die als Nutzlast an das UAS montiert werden, empfiehlt es sich daher, möglichst stoßsichere und versiegelbare Behälter zu verwenden, um die darin befindlichen Gegenstände und Daten vor dem Zugriff Unbefugter zu schützen. Ein absoluter Schutz kann natürlich nie erreicht werden, er ist datenschutzrechtlich auch nicht erforderlich.

---

[5] Die U-Space Verordnung verweist hierfür auf Art. 4 der Durchführungsverordnung (EU) Nr. 923/2012 vom 26. September 2012.

Technische Entwicklungslücken

8

Sabrina John, Gordon Strickert und Holger Schulze

8.1 Flugleistungen

Geschwindigkeit

Schnelligkeit spielt im medizinischen Einsatz in der Regel eine wesentliche Rolle. Fluggeräte müssen deshalb gewisse Mindestgeschwindigkeiten über Grund aufweisen. Für die Limitierung der Reisegeschwindigkeit ist die jeweilige Bauweise des UAS-Systems verantwortlich. So können Multicopter-Schwebesysteme aufgrund ihrer Bauart bei gleicher Systemleistung nicht das Tempo eines Starrflüglers erreichen. Aber auch Umwelteinflüsse, Wind und Wetter erschweren die Start- und Landevorgänge und mindern die erreichbaren Reisegeschwindigkeiten erheblich. Das heißt, dass die unbemannten Luftfahrzeuge in der Lage sein müssen, solche Beeinträchtigungen zu kompensieren, wodurch das tatsächliche Versorgungsgebiet erheblich verkleinert wird.

Nutzlast

Die Nutzlast ist ein Ergebnis der Parameter und Auslegung der UAS. Grundsätzlich wirkt sich ein höheres Transportgewicht mindernd auf die Anfälligkeit von Wind bei Start- und

S. John (✉)
GLVI Gesellschaft für Luftverkehrsinformatik mbH, Hamburg, Deutschland
E-Mail: s.john@glvi.de

G. Strickert
DLR Institut für Flugsystemtechnik, Braunschweig, Deutschland
E-Mail: gordon.strickert@dlr.de

H. Schulze
German Copters DLS GmbH, Dresden, Deutschland
E-Mail: h.schulze@germancopters.de

© Der/die Autor(en), exklusiv lizenziert durch Springer Fachmedien Wiesbaden
GmbH, ein Teil von Springer Nature 2022
M. Baumgarten et al. (Hrsg.), *Unbemannte Flugsysteme in der medizinischen Versorgung*, https://doi.org/10.1007/978-3-658-35372-8_8

Landevorgängen aus, da eine verbesserte Stabilität im Schwebeflug erreicht wird. Beschränkend für die Flugleistungen sind jedoch erforderliche, aerodynamisch häufig ungünstige Anbauten wie bspw. Transportkästen, die die Fluggeschwindigkeit beträchtlich vermindern und zugleich die Windempfindlichkeit erhöhen.

Reichweite
Die verschiedenen UAS-Konzepte weisen verschiedene Voraussetzungen für mögliche Einsatzreichweiten auf. Distanzen von wenigen Kilometern zum Einsatzort, zum Beispiel im städtischen Umfeld, sind auch von Multicoptersystemen gut zu leisten. Bei Entfernungen von über 50 Kilometern stellt jedoch die Akkuleistung eine erhebliche Innovationsbarriere dar. Größere Reichweiten könnten in naher Zukunft vor allem über Hybrid-Systeme erreicht werden.

8.2 Technische Zuverlässigkeit

Im Gegensatz zur bemannten Luftfahrt gibt es momentan noch keine verbindlichen Zuverlässigkeitsanforderungen bei UAS im Sinne von Ausfallwahrscheinlichkeiten oder Mean Time between Failures (MTBF). Dem derzeit anwendbaren SORA-Verfahren für die Risikoabschätzung von UAS-Betrieben liegt die Annahme zugrunde, dass sich ein sicherer Betrieb von UAS trotz verhältnismäßig hoher Ausfallwahrscheinlichkeiten realisieren lässt, vor allem durch räumliche Separierung des Drohnenfluges von Personen am Boden oder in der Luft. Im Sinne eines zukünftigen Regelbetriebs ist dieser Regulierungsansatz unbefriedigend. Medizinische Einsatzzwecke erfordern eine hohe Zuverlässigkeit und längere Nutzungsdauer aller Komponenten, um die verschiedenen Nutzungsszenarien sinnvoll bedienen zu können und auch kostenmäßig eine attraktive Alternative zu etablierten Services darzustellen. Somit bedarf es eigener Standards für medizinische UAS-Einsätze.

Lebensdauer von UAS
Da heute verfügbare UAS eher durch Leichtbau auf maximierte Nutzlast oder Flugzeit ausgelegt werden und überwiegend auf Modellflugtechnik basieren, ist im Betrieb gegenüber der Kfz-Technik eine 100-fach geringere, gegenüber Verkehrsluftfahrzeugen 1000-fach geringere Lebensdauer zu erwarten. Ein 24/7-Dauerbetrieb ist daher momentan nur durch das Vorhalten mehrerer UAS in Reserve sowie durch tägliche Reparaturen und Wartung zu erzielen. Häufige Schwachstellen der UAS sind mechanisch unterdimensionierte Motoren (Einsparungen bei Wellendurchmessern, Wandstärken, Lagern, Dichtungen), Steckverbindungen (nicht wasser- und vibrationsgeschützt, ungesichert), Hochleistungsakkus mit geringer Zyklenfestigkeit oder die Verwendung von Modellbaukomponenten, die weder Industrie- noch Luftfahrtstandards entsprechen.

Resistenz gegenüber Umwelteinflüssen
Für die Beförderung medizinischer Güter als Luftfracht ist davon auszugehen, dass diese Flüge kaum aufschiebbar sind. Für Einsätze mit Rettungscharakter gilt sogar, dass sie unverzüglich stattfinden müssen. Insofern haben in der Gesundheitsversorgung genutzte UAS auch bei widrigen Umwelt- oder Witterungsbedingungen funktionstüchtig zu sein.

Umwelteinflüsse schränken die Verfügbarkeit von UAS potenziell ein. Es gibt dabei manifeste regionale und saisonale Unterschiede. So spielt Wind eine wesentliche Rolle, insbesondere an der Küste. Bei Flügen gegen den Wind werden Reichweiten und Reisegeschwindigkeiten durch den zusätzlichen Widerstand erheblich gemindert. Zudem stellen Windböen besondere Herausforderungen an die Manövrierfähigkeit und die Flugstabilität dar. Sie gefährden insbesondere Starts und Landungen und schränken somit die Einsatzbereitschaft ein. Auch Kälte ist eine Technologiebarriere und insbesondere in Bergregionen problematisch, sie verringert die Spannungslage und somit die nutzbare Kapazität der Akkus erheblich. Einsätze, die im Sommer unternommen werden können, lassen sich deshalb im Winter möglicherweise nicht durchführen.

Motoren, Elektronik und Steuerelemente unbemannter Luftfahrzeuge sowie ggf. deren Nutzlast müssen wasserdicht sein, um zu verhindern, dass eindringendes Wasser die Flug- oder Navigationsfunktionen beeinträchtigt. Auch müssen sie bei Start und Landung von Senkrechtstartern vor durch die Rotoren aufgewirbeltem Sand und anderen Ablagerungen geschützt werden. Eine weitere wesentliche Anforderung ist die Störfestigkeit gegen elektromagnetische Strahlungen. Es darf zu keinen unerwarteten Beeinflussungen der Flugsteuerung kommen, weder ein unerwartetes Aktivieren von Standby-Systemen noch ein überraschendes Ausschalten aktiver Systeme erfolgen.

Da eine Einschränkung der Nutzbarkeit der Geräte jederzeit möglich ist, müssen Betreiber verlässliche Alternativlösungen bis auf Weiteres redundant vorhalten.

GNSS-Systeme und Datenverbindung
Nahezu alle marktüblichen UAS navigieren primär mithilfe satellitenbasierter globaler Navigationsdienste (GNSS) wie GPS oder Galileo. Die Qualität dieser Navigation schwankt tageszeitlich mit der Sichtbarkeit der dynamisch veränderlichen Satellitenkonstellationen und kann in urbanem Umfeld durch Gebäudeabschirmungen, Reflektionen und (jahreszeitliche sowie menschengemachte) elektromagnetische Störungen weiter reduziert werden. Dies wirkt sich insbesondere beim tiefen Flug in hindernisreicher Umgebung sowie bei der Landung aus.

UAS bedürfen einer stabilen Funkverbindung, um sicher gesteuert zu werden. Alle durch sie aufgezeichneten Informationen, zum Beispiel der Videostream, der die Steuerung ermöglicht, werden über die mobile Datenübertragung an die Steuereinheit übertragen. Für viele der vorgestellten Anwendungsszenarien ist eine sichere Bildübertragung originärer Bestandteil der Versorgungsleistung. Auch Hilfssysteme zur Gewährleistung der Flugsicherheit bspw. zur zentralen Kollisionsverhütung sind auf eine durchgehende Datenübertragung angewiesen.

Eine instabile Datenverbindung oder Funklöcher stellen somit Innovationsbarrieren und erhebliche Betriebsrisiken dar. Einsätze von UAS in der medizinischen Versorgung, die im Rahmen der Forschungsprojekte durchgeführt wurden, nutzten eine ressourcenintensive Flugstreckensicherung durch Personen. Diese führte zu großem zusätzlichem Aufwand und Kosten bei der Durchführung vieler Forschungsprojekte.

Software und Datenverarbeitung

Die Steuerung von UAS erfolgt softwarebasiert, die technische Zuverlässigkeit von UAS beruht daher unter anderem auf der Zuverlässigkeit der Daten verarbeitenden Softwaresysteme. Design- und Programmierfehler sowie falsche Anforderungen wirken hier zusammen, bei der Implementierung kann es zu unerwünschten Wechselwirkungen mit der Hardware kommen. Eine standardisierte Integration der Steuerungssoftware mit anderen Modulen für Kommunikation, Navigation und Flugregelung in U-space-Systemen existiert bislang nicht.

8.3   Automatisierung

Die Lösungen, mit denen UAS-Einsätze im medizinischen Bereich bislang ermöglicht werden, sind weder standardisiert noch ohne weiteres übertragbar. Die fehlende Automatisierung ist unter anderem durch kurze Projektlaufzeiten, geringe Projektumfänge, relativ wenige Simulationsflüge und eine fragmentierte Förderlandschaft bedingt. Mithin kommt es zumeist zu aufwendigen Einzelfallbearbeitungen von flugvorbereitenden und -durchführenden Prozessen. In Abschn. 12.3 werden diese Prozessschritte dargestellt, inkl. Empfehlung zu einer möglichen zukünftigen Automatisierbarkeit.

Zwischen den individuellen Prozessen, die unmittelbar mit einem UAS-Einsatz anfallen, muss unterschieden werden. Jedoch bedarf es einer einheitlichen Infrastruktur für die wiederkehrenden informationserhebenden bzw. -verarbeitenden Abläufe, die im Rahmen der Einsatzvorbereitung entstehen. So muss unter Umständen vor jedem Start die Freigabe der Flugverkehrskontrolle eingeholt werden, was je nach Anzahl der Flüge zu einem hohen Abstimmungsaufwand führen kann.

Auch sind Anforderungen wie etwa die obligatorischen Sichtflugregeln für UAS-Flüge innerhalb von Kontrollzonen anpassungsbedürftig. Um eine sichere Integration in den bestehenden Luftverkehr gewährleisten zu können, ist eine gegenseitige Sichtbarkeit der Verkehrsbeteiligten von kritischer Bedeutung. Insbesondere wenn die UAS-Flüge im Luftraum außerhalb der Sichtweite der/des Steuernden stattfinden, fehlen bisher entsprechende automatisierte Hilfsmittel, um etwaige Konflikte zwischen Luftfahrzeugen zu verhindern. Hier bestehen übrigens Berührungspunkte zu einer weiteren Innovationsbarriere: den nicht immer ausreichend stabilen Funknetzverbindungen.

Daten wie Kartendienste, Wetterdienste und Luftraumdaten könnten als Grundlage für eine weitergehende Automatisierung des UAS-Verkehrs dienen. Liegen diese bereits vor der Mission in geeigneter Genauigkeit und Zuverlässigkeit vor, lässt sich die Durch-

Tab. 8.1 Datenbedarf für UAS-Einsätze

Daten	Quelle
Geodaten, inkl. Populationsdaten	Landesvermessungsämter, Fernerkundung, Zensusdaten
Luftraumdaten inkl. Notams	DFS, AIP
Wetterdaten unterer Luftraum	DWD (Deutscher Wetterdienst)
Hindernisdatenbanken	Landesvermessungsämter, Fernerkundung
Antikollisionsdaten, Verkehrsdaten im Flug	On-Board-Sensorik, Tracking, Transpondersysteme, ATM

Quelle: Eigene Darstellung

Tab. 8.2 Datenbedarf für Kollisionsverhütung

Ad-hoc/Oon-board-Daten	Potenzielle Herkunft
Relativpositionen zu anderen Luftfahrzeugen, Time to Collision, Verkehrsdaten	On-Board-Sensorik (Kameras, Lidar, Radar, Transponder) Bodengestützte Trackingsysteme

Quelle: Eigene Darstellung

führung von UAS-Einsätzen unter Berücksichtigung der wesentlichen Rahmenbedingungen weitgehend vorprogrammieren. Eingriffe durch Nutzerinnen und Nutzer würden dann in der Missionsphase reduziert oder wären bei planmäßigem Verlauf nicht erforderlich. Tab. 8.1 fasst die für die Flugdurchführung üblicherweise benötigten Daten und ihre potenzielle Herkunft zusammen.

Tab. 8.2 führt Datengrundlagen für eine Änderung während des Flugs auf, bspw. als Reaktion auf anderen Luftverkehr zum Ausschluss von Kollisionen oder kritische Annäherungen.

Bei der notwendigen Datensammlung und -verarbeitung können Algorithmen, computerbasierte Expertensysteme und Softwarekomponenten zum Einsatz kommen, die in Form von KI (Künstliche Intelligenz) oder Optimierungsverfahren am Markt schon teilweise vorhanden sind.

8.4 Schwächen im Produktdesign

Anwendungsfreundlichkeit und Wartung

Es ist nicht zu erwarten, dass das medizinische Personal durch umfangreiche Zusatzausbildungen für den Umgang und Einsatz von UAS qualifiziert wird. Trotzdem ist es nicht unwahrscheinlich, dass Mitarbeiterinnen und Mitarbeiter in medizinischen Einrichtungen technische Maßnahmen wie Funktionstests oder Akkuwechsel vor Einsätzen in einem voll integrierten System durchführen müssen. Ist die Handhabung und die Ausführung von Aufgaben mit Lernanforderungen verbunden, werden diese je nach Ausprägung potenziell eine erhebliche Innovationsbarriere darstellen.

Stakeholder Experience

Zumindest kleine, leichte UAS stellen momentan nach objektiven Gesichtspunkten wie Lärmgrenzwerten auch im nahen Umfeld keine Belastung für die Bevölkerung dar. Bei einer Ausweitung des Betriebes auf UAS-Flotten, regelmäßigen Betrieb von festen Standorten bzw. auf festen Routen oder in Erholungszeiten wie nachts und am Wochenende sind allerdings Akzeptanzprobleme zu befürchten. Lärm wird nicht nur nach seinem Pegel beurteilt, sondern auch nach Frequenzspektrum, Modulation und Impulshaltigkeit sowie nach dem vorherrschenden allgemeinen Geräuschpegel. Ein stark beladener, bspw. im böigen Wind mit ungleichmäßiger Motordrehzahl stabilisierter Multicopter kann hier besonders bei Starts und Landungen als Störfaktor empfunden werden.

Neben der Geräuschemission sind noch weitere Belästigungsfaktoren durch UAS denkbar. So könnte im 24/7-Betrieb die Beleuchtung der UAS bzw. ihres Landeplatzes mit Permanent- oder sogar Blinklichtern als störend empfunden werden. Und neben den bereits beschriebenen datenschutzrechtlichen Rahmenbedingungen ist zu erwarten, dass auch das Gefühl, durch die Kamera eines UAS beobachtet zu werden, für die Erhöhung einer Technologieakzeptanz nicht förderlich ist.

Betroffene bewerten den (niedrigen) Überflug von UAS mangels Erfahrung bzw. Gewöhnung möglicherweise noch kritischer als den Überflug durch bemannte Luftfahrzeuge in großer Höhe. Dies ist durch die oft negative regionale Berichterstattung im Kontext von Konflikten zwischen Anwohnerinnen und Anwohnern einerseits sowie privaten Drohnenbetreibern belegt, die ihre UAS meist für Kameraaufnahmen nutzen.

Klärungsbedarf für Betriebskonzepte

9

Johann Röper, Julia Kuntosch, Sabrina John, Hanna Steinebach,
Suzan Lara Tunc, Steffen Fleßa, Klaus Hahnenkamp und Mina Baumgarten

J. Röper (✉)
Universität Greifswald, Greifswald, Deutschland
E-Mail: johann.roeper@stud.uni-greifswald.de

J. Kuntosch
Gesundheitsmanagement, Universität Greifswald, Greifswald, Deutschland
E-Mail: julia.kuntosch@uni-greifswald.de

S. John
GLVI Gesellschaft für Luftverkehrsinformatik mbH, Hamburg, Deutschland
E-Mail: s.john@glvi.de

H. Steinebach
Wingcopter GmbH, Weiterstadt, Deutschland
E-Mail: steinebach@wingcopter.com

S. L. Tunc
Wingcopter GmbH, Weiterstadt, Deutschland
E-Mail: tunc@wingcopter.com

S. Fleßa
Gesundheitsmanagement, Universität Greifswald, Greifswald, Hansestadt, Deutschland
E-Mail: steffen.flessa@uni-greifswald.de

K. Hahnenkamp
Klinik für Anästhesie, Intensiv-, Notfall- und Schmerzmedizin, Universitätsmedizin Greifswald,
Greifswald, Hansestadt, Deutschland
E-Mail: klaus.hahnenkamp@uni-greifswald.de

M. Baumgarten
Klinik für Anästhesie, Intensiv-, Notfall- und Schmerzmedizin, Universitätsmedizin Greifswald,
Greifswald, Deutschland
E-Mail: mina.baumgarten@med.uni-greifswald.de

© Der/die Autor(en), exklusiv lizenziert durch Springer Fachmedien Wiesbaden
GmbH, ein Teil von Springer Nature 2022
M. Baumgarten et al. (Hrsg.), *Unbemannte Flugsysteme in der medizinischen
Versorgung*, https://doi.org/10.1007/978-3-658-35372-8_9

9.1   Übertragung öffentlicher Aufgaben

Bisher herrscht Unsicherheit, wie Vergabe- und Leistungserstellungsmechanismen für Dienstleistungen im Bereich UAS-basierter Medizinlogistik mit möglichst hoher innovationsfördernder Wirkung gestaltet werden könnten. Gleiches gilt auch für ihre die Leistungsvergütung,, die für die Entstehung von Märkten rahmengebend wäre. Die Innovationsbarriere besteht somit im hier Vorgang der Übertragung öffentlicher Aufgaben zur Daseinsvorsorge im Gesundheitswesen auf (mögliche) nicht-öffentliche Leistungserbringende.

Auf einzelwirtschaftlicher Ebene stellt sich im Rahmen der Innovationsadoption für potenzielle Anwender zudem die Frage nach dem „Make or Buy". Es muss eine Entscheidung über Selbsterstellung oder Fremdbezug der Leistung getroffen werden: Wie und ob eine technische, wirtschaftliche und organisatorische Umsetzung eines logistischen UAS-Einsatzes durch die eigene Organisation oder mithilfe von Dritten machbar ist. Diese Entscheidung wird maßgeblich durch die Ausgestaltung medizinischer UAS-Märkte und der Ausgliederung von Aufgaben beeinflusst und stellt bis zur Klärung der Aufgabenzuordnung ebenfalls eine Innovationsbarriere dar.

9.2   Markteintrittsbarrieren

Im Kontext der Übertragung öffentlicher Gesundheitsleistungen auf nicht-öffentliche Stellen ist davon auszugehen, dass dies im Rahmen von Beschaffungsverfahren und regelmäßig im Wettbewerb erfolgt. Oftmals werden darin spezifische Anforderungsprofile mit Vorgaben zur Nutzung bestimmter Technologien genannt, an denen sich die Bieterinnen und Bieter orientieren müssen. Ein solcher Fokus auf die Art und Weise der Leistungserbringung verhindert, selbst wenn er produktneutral orientiert ist, unter Umständen die Entwicklung neuer bzw. die Weiterentwicklung bereits bestehender Produkte. Derartige Leistungsbeschreibungen können somit künstliche Markteintrittsbarrieren darstellen, die sich aus der rahmenlegenden Konzeption von Märkten ergeben und nicht im klassischen Sinne aus dem Wettbewerb.

Darüber hinaus setzt sich der fehlende übergreifende Ansatz zur langfristigen Finanzierung der Innovationsadoption auch auf einzelwirtschaftlicher Ebene fort und blockiert das Entstehen neuer Geschäftsmodelle. Durch die nötige Steuerung von Innovationsprozessen in der Gesundheitsversorgung droht eine weitere systemimmanente Innovationsbarriere zu entstehen, welche besonderen Einfluss auf die Marktentwicklung nimmt.

Zudem fehlen geschützte Räume, die eine gefahrlose und leistungsoptimierende Reifung der Innovation zulassen, sowie die Regelung des Zugangs zu ihnen. Ohne derartige „Biotope" bestehen für potenzielle UAS-Betreiber in der Gesundheitsversorgung erhebliche Markteintrittsbarrieren, da eine Ausreifung der Innovation bis zur Produktentwicklung abseits des konkreten Anwendungsfalls nur schwer vorstellbar ist.

Weitere Markteintrittsbarrieren sind nicht künstlichen Ursprungs. So sehen sich künftige Anbieterinnen und Anbieter von UAS-Lösungen mit der Schwierigkeit konfrontiert, die vielfältigen logistischen Anwendungen in Krankenhäusern erfassen zu müssen – Anwendungen, die nicht nur übergreifend zwischen mehreren Versorgungseinrichtungen, sondern mitunter auch intern verschiedene Ansätze und Ausprägungen aufweisen. Es ist essenziell, dass künftige UAS-Betreiber hierüber umfassende Kenntnis erhalten. Diese Kenntnis stellt zunächst eine Markteintrittsbarriere für den grundlegenden Betrieb von medizinischer UAS-Logistik, bei ihrer Überwindung hingegen auch Wettbewerbsvorteile gegenüber möglicher Konkurrenten dar.

Wenn diese Markteintrittsbarrieren trotz außerordentlich ausgeprägtem Expertenwissen um Versorgungsprozesse mit Innovationspotenzial bestehen bleiben, entstehen aus der Informationsasymmetrie erhebliche Innovationsbarrieren. Die Gefahr von Fehlentwicklungen und Ineffizienzen im Innovationsprozess zur Anwendung medizinischer UAS kann noch dazu durch mangelnde Kenntnisse oder durch falsche Antizipation möglicher Bedarfe begünstigt werden. Weiter verschärft wird diese Barriere durch die in Kap. 1 beschriebene fehlende Bedarfsentstehung.

9.3   Unbekannte Geschäftsmodelle

Organisationsformen
Jede Betriebsbereitschaft setzt eine Organisationsform voraus, die auf der Wahl der Rechtsform und einer Zielkonzeption basiert. Ohne Kenntnis über den Grad der Übertragung von öffentlichen Aufgaben an nicht-öffentliche Leistungserbringende können diese jedoch keine Organisationsformen innerhalb künftiger Betriebskonzepte begründen. Das Fehlen gültiger Rahmenbedingungen in der UAS-basierten Medizinlogistik stellt somit für die Ausgestaltung künftiger Geschäftsmodelle eine Innovationsbarriere dar.

Prozesse und Kosten der Leistungserstellung
Eine wesentliche Innovationsbarriere besteht in Form von Unwissen hinsichtlich der Kostenstrukturen UAS-basierter Medizinlogistik. Die Kenntnis von Produktionskosten, die in eine Innovationsbewertung eingehen müssen, ist ein grundlegendes Kriterium für eine künftige Innovationsadoption und somit die Erstellung von Betriebskonzepten. Eine Ursache für die fehlende Kostenkenntnis ist unter anderem die Förderung von UAS-Projekten aus überwiegend medizinischer Perspektive, in denen meist erst nachrangig der Fokus auf ökonomische Bewertungen gelegt wird.

Die praktische Umsetzung eines privatwirtschaftlich orientierten Betriebskonzeptes würde das Wissen über Kosten möglicherweise erhöhen. Jedoch werden entsprechende Engagements zum einen durch die gesetzlichen Betriebshindernisse und zum anderen durch die Innovationsbarrieren aus dem Versorgungssystem blockiert. Solange die rechtlichen Rahmenbedingungen für die Entstehung eines UAS-Marktes für die medizinische Versorgung nicht gegeben und auch durch die Zuordnung der Aufgabenerfüllung nicht impliziert sind, werden selbstständig durchgeführte und privatwirtschaftliche Benchmark-Prozesse ausbleiben.

Leistungsvergütung
Ein weiteres Kriterium für die Entwicklung von Geschäftsmodellen und Betriebskonzepten ist die Leistungsvergütung. Für die Preissetzung fehlt einerseits die Kenntnis der Zah-

lungsbereitschaft möglicher Kunden im Falle einer Fremdvergabe der Leistung, die sich an die Innovationsbewertung anschließt. Andererseits besteht bei Eigenfertigung das oben angesprochene Problem der fehlenden Kenntnis über die Prozesskosten.

Letztlich hängt die Preisbildung auch von der bisher nicht abzusehenden Marktstruktur ab sowie von den Kosten für die Leistungserstellung selbst. So stellen die fehlenden Konzepte für eine Leistungsvergütung und die Nicht-Absehbarkeit entstehender Märkte für UAS-Logistik im Gesundheitswesen weitere kritische Innovationsbarrieren dar. Sie stehen der Entwicklung von Geschäftsmodellen im Bereich des UAS-basierten medizinischen Transportes entgegen.

9.4   Mangelnde Technologieakzeptanz der Bevölkerung

Aufgrund der Neuheit der UAS-Technologie gibt es bisher in der Bevölkerung nur wenig Erfahrungswerte und Berührungspunkte mit UAS. Eine zu geringe Technologieakzeptanz könnte eine kritische Innovationsbarriere für deren Einsatz in der medizinischen Versorgung darstellen. Bislang ist die Haltung der Bevölkerung zu innovativer Technologie wissenschaftlich nicht ausreichend und abschließend erforscht, jedoch sind mangelnde Kenntnis, fehlende Objektivierung subjektiver Wahrnehmung und dadurch entstehende Risikoaversion zu erwarten (Vgl. DLR, 2018).

Zudem spielen mediale Berichterstattungen zur militärischen UAS-Nutzung, Missbrauch der Technologie zu terroristischen Zwecken sowie Aspekte des Datenschutzes, wie bereits ausführlich diskutiert, eine einflussnehmende Rolle. Auch die zögerliche und scheinbar technologieaverse Zurückhaltung der Behörden gegenüber der Integration von UAS in den Luftraum trägt oftmals nicht dazu bei, das Vertrauen in der Bevölkerung gegenüber UAS-Anwendungen zu fördern.

Literatur

DLR. (2018). *DLR – Akzeptanz unbemannter Luftfahrzeuge.*https://www.dlr.de/content/de/downloads/2018/akzeptanz-unbemannter-luftfahrzeuge.pdf?__blob=publicationFile&v=10.   Zugegriffen am 17.02.2021.

Teil IV

Wege zur Überwindung von Innovationsbarrieren

Aus der Erfahrung der Autorinnen und Autoren im Rahmen ihrer Projektarbeiten ergeben sich projektübergreifende Ansätze zur Überwindung der in Abschnitt B dargestellten Innovationsbarrieren. Dabei wird wieder der vorgestellten Ordnungsstruktur gefolgt, sodass sich Empfehlungen und Anforderungen an das künftige Design von Versorgungssystemen, die Gestaltung von Richtlinien sowie Anforderungen an die Herstellung von UAS-Technik ergeben. Während diese drei Themengebiete die Durchführung einer künftigen und standardisierten Betriebspraxis adressieren, behandeln die Voraussetzungen für die Erstellung von Betriebskonzepten Rahmenbedingungen, innerhalb derer luftgestützte Medizinlogistik künftig stattfinden könnte.

Zukünftiges Design von Versorgungssystemen 10

Berthold Henkel, Beate Elbers, Johann Röper, Julia Kuntosch,
Skadi Stier, Steffen Fleßa, Mina Baumgarten
und Klaus Hahnenkamp

B. Henkel (✉) · M. Baumgarten
Klinik für Anästhesie, Intensiv-, Notfall- und Schmerzmedizin, Universitätsmedizin Greifswald,
Greifswald, Deutschland
E-Mail: berthold.henkel@med.uni-greifswald.de; mina.baumgarten@med.uni-greifswald.de

B. Elbers
skbs.digital – Städt. Klinikum Braunschweig, Braunschweig, Deutschland
E-Mail: beate.elbers@skbs.digital

J. Röper
Universität Greifswald, Greifswald, Deutschland
E-Mail: johann.roeper@stud.uni-greifswald.de

J. Kuntosch
Gesundheitsmanagement, Universität Greifswald, Greifswald, Deutschland
E-Mail: julia.kuntosch@uni-greifswald.de

S. Stier
Unternehmensentwicklung, DRF Luftrettung, Filderstadt, Deutschland
E-Mail: skadi.stier@drf-luftrettung.de

S. Fleßa
Gesundheitsmanagement, Universität Greifswald, Greifswald, Hansestadt, Deutschland
E-Mail: steffen.flessa@uni-greifswald.de

K. Hahnenkamp
Klinik für Anästhesie, Intensiv-, Notfall- und Schmerzmedizin, Universitätsmedizin Greifswald,
Greifswald, Hansestadt, Deutschland
E-Mail: klaus.hahnenkamp@uni-greifswald.de

10.1   Ausrichtung der Innovationsförderung

Um die anzustrebende flächendeckende und standardisierte Umsetzung von medizinischer UAS-Versorgung zu realisieren, bedarf es eines einheitlichen Förderkonzeptes in Deutschland. Nach einer Initialphase, in der die Diversität der Ideen in kleineren Projekten noch im Vordergrund stehen mag, ist zunehmend eine langfristige Verknüpfung erfolgreicher Projekte anzustreben.

Bereits in der Initialphase sollte die Transparenz über die Forschungsansätze und Fortschritte gefördert, die gemeinsame Ausrichtung und Kooperation bestehender und geplanter Forschungsprojekte danach systematisch unterstützt und vorangetrieben werden. Dies erfordert in besonderem Maße auch die Kommunikation fördernder Einrichtungen, insbesondere der Bundesministerien für Gesundheit sowie für Verkehr und digitale Infrastruktur.

10.2   Finanzierungsansätze zur Innovationsadoption

Rettungsdienstgesetze und Leistungsübertragung auf Dritte
Die Rettungsdienstgesetze der Bundesländer bieten gute Möglichkeiten zur Implementierung der UAS-Technologie in der Gesundheitsversorgung. So lassen sie eine Subsumption von UAS als Luftfahrzeuge im Rahmen der Luftrettung überwiegend zu. Ausnahmen bilden allein Schleswig-Holstein und Hamburg, wo Luftrettung mit dem Einsatz von Helikoptern gleichgesetzt wird – hier wäre eine sprachliche Öffnung erforderlich.

Damit ist die Grundlage geschaffen, den Einsatz von UAS nach Maßgabe der jeweiligen Rettungsdienstgesetze gegenüber Leistungstragenden der Gesundheitsversorgung abzurechnen. Außerdem ergibt sich daraus die Möglichkeit der Leistungsübertragung an Dritte nach den in den Rettungsdienstgesetzen vorgesehenen Vergabeverfahren, welche dann auch gleich finanziert würde. Hierbei wären dann technische Anforderungen möglichst technologieneutral an die Leistungserbringenden zu stellen.

Finanzierung im stationären und ambulanten Sektor
Eine Übernahme in das G-DRG-System sowie den Katalog für ambulante Leistungen von UAS-basierten Transporten würde dazu führen, dass die innovative Logistik anhand der pauschalierten Leistungsvergütung finanziert wird. Voraussetzung für eine Innovationsadoption wäre eine Bewertung der UAS-Logistik als bessere Alternative im Vergleich zu bestehenden Lösungen. Bei unveränderter pauschaler Leistungsvergütung würde die Prozesskostensenkung aus ökonomischer Sicht die Innovationsadoption ermöglichen, vorausgesetzt die Kaufkraft zur Innovationsfinanzierung ist vorhanden.

Bei der Innovationsbewertung im Rahmen einer langfristigen Finanzierung sind zudem indirekte Einflüsse wie Spill-over-Effekte zu berücksichtigen. Als Beispiel soll hier die Outcome-Verbesserung durch das Erreichen häufigerer Frühdefibrillation bei mobiler AED-Zustellung genannt sein, weil sie zu kürzeren stationären Verweildauern führen kann. Positiven Einfluss auf das gesundheitliche Outcome hätte der Zeitgewinn durch UAS-basierte Gewebetransporte, die zu einer kürzeren OP-Dauer führen können. Derartige indirekte Nutzeneffekte, die nicht nur monetär zu bewerten sind, sollten in zukünftigen langfristigen Projekten untersucht und nachgewiesen werden (Vgl. Fleßa et al., 2020, S. 1–10).

10.3   Abbau von Informationsasymmetrien

Formulierung von Bedarf und Nachfrage
Damit in künftigen Versorgungssystemen UAS als logistische Lösung implementiert werden können, müssen potenzielle Nutzerinnen und Nutzer der Technologie nicht nur einen Bedarf für UAS-Transporte, sondern auch die Nachfrage formulieren. Bedarf entsteht aus der Kenntnis einer Problemlösung. Die medizinischen Anwender müssen die existierenden bodengebundenen Logistikmodelle als mangelbehaftet wahrgenommen haben und zugleich um die konkreten Verbesserungspotenziale durch die Nutzung von UAS wissen. Um die bestehenden Informationsasymmetrien abzubauen, bedarf es der weiteren Produktentwicklung, mithin der Konkretisierung von Anwendungsmöglichkeiten und gleichzeitig der Herausstellung von Vorteilen UAS-gestützter Medizinlogistik durch Anwender, Entwicklerinnen und Entwicklern.

Nachfrage entsteht, wenn der Bedarf nach einer bekannten Problemlösung auf ausreichende Kaufkraft und die Zahlungsbereitschaft potenzieller Nutzerinnen und Nutzer trifft. Die Verringerung von Kosten bei gleichbleibender Ergebnisqualität ist deshalb ein notwendiges Kriterium der Innovationsadoption. Wenn das Kosten-Nutzen-Verhältnis der Innovation vorteilhaft ist, kann die Erhöhung der Ergebnisqualität hingegen auch trotz steigender Kosten gerechtfertigt sein.

Aussagen über Nutzeneffekte durch UAS-Einsätze, wie etwa die Verbesserung von Outcomes bei Patientinnen und Patienten, sind bisher kaum möglich. Das Beispiel des luftgestützten AED-Transportes legt aber nahe, dass ein Eintreffen der UAS am Einsatzort noch vor dem Rettungsdienst, in Kombination mit an AEDs geschultem Personal, die Überlebenswahrscheinlichkeit erhöht und ein signifikant besserer neurologischer Outcome erreicht werden kann. Dies legitimiert die Innovation und kann eine künftige Adoption begünstigen, sodass eine Nachfrage nach der besseren und neuen Lösung entsteht.

Aus einer Verbesserung von Outcomes kann gefolgert werden, dass im Gegenzug die gesamtwirtschaftlichen Folgekosten sinken. Im Idealfall kehren Patientinnen und Patienten wieder ins Erwerbsleben zurück, sodass sie vom „schlechten" zum „guten" gesellschaftlichen Risiko werden. Sollten UAS in Zukunft in den verschiedenen Bereichen einen signifikanten Zeitvorteil bringen und Diagnostik und Therapie schneller und effektiver machen, könnten Investitions- und Betriebskosten also durch gesamtwirtschaftliche Nutzeneffekte ausgeglichen werden.

Untersuchungen zur Bewertung solcher Effekte und betriebswirtschaftlicher Implikationen sind weiterhin notwendig (Vgl. Claesson et al. (2017), S. 2332–2334). Diese müssen spezifisch auf jeden unter Abschnitt *Teil II: Anwendungsszenarien für UAS in zukunftsfähigen* medizinischen Versorgungskonzepten aufgeführten Anwendungsfall ausgerichtet werden. Somit ist eine Innovationsförderung im Rahmen über drei bis fünf Jahre wissenschaftlich begleiteter Projekte die vielversprechendste Möglichkeit, eine Aussage über Kosten-Nutzen-Faktoren und eine NNT (Number-Needed-to-Treat) zu eruieren und aussagekräftige Daten zu gewinnen.

Prozess und Kostenanalysen

Um Kenntnis der eigenen Kaufkraft und Zahlungsbereitschaft hinsichtlich einer Innovationsbewertung zu gewinnen, müssen also die relevanten Prozesse und Kosten bekannt sein. Im Rahmen vieler Forschungsprojekte zeigten sich oftmals Defizite hinsichtlich der Kenntnis bestehender Prozesskosten. Sie standen einer Formulierung von Nachfrage und somit dem Abbau von Informationsasymmetrien im Wege. Weil nicht davon ausgegangen werden kann, dass dieser Informationsbedarf durch potenzielle Anbieter von UAS behoben wird, muss die Erhebung der Kostenstrukturen von Anwendungen mit Innovationspotenzial von den Nachfragenden ausgehen.

Künftige Forschungsprojekte sollten die Untersuchung von Kostenstrukturen unterstützen, um Grundlagen zur Innovationsbewertung zu schaffen. Dafür bedarf es neben dem medizinischen Ansatz auch einer dezidiert ökonomischen Herangehensweise, in der Kosten und Prozesse verschiedener Nutzungsmöglichkeiten medizinischer UAS bewertet werden. Im Zuge der Bewertung sind die Kosten der UAS sowie der zu innovierenden Transportlogistik gegenüberzustellen.

10.4 Konzeption und Umsetzung von Netzwerken

Voraussetzung für die Integration innovativer Anwendungsmöglichkeiten in bestehende Organisationsstrukturen ist, dass die unbemannten Luftfahrzeuge, wie Rettungshubschrauber und andere Einsatzmittel, als anerkannter Teil der Rettungskette von zentraler Stelle alarmiert, koordiniert, überwacht und gesteuert werden und in die Prozesse der Leitstellen eingebunden sind.

Versorgungsnetzwerke für medizinische UAS sollten auf die bestehenden Strukturen der verschiedenen Leistungssektoren ausgerichtet sein, innerhalb dieser jedoch Flexibilität zulassen. Bei der Erweiterung der ambulanten Versorgung durch AED-tragende UAS sind die bestehenden Netze stationärer AEDs zu berücksichtigen, bei der Standortplanung und -einrichtung die Infrastruktur der Rettungsdienste, der Polizei sowie von freiwilligen Organisationen wie lokalen Feuerwehren.

UAS können für Transporte von Laborproben oder Blutprodukten, in Notfällen aber auch flexibel für AED-Transporte oder im Krisenmanagement eingesetzt werden. Um ihre Interdisziplinarität nutzbar zu machen, müssen Schnittstellen geschaffen werden, die eine jeweilige Einsatzbereitschaft tatsächlich ermöglichen – wie etwa, dass der Rettungsdienst auf UAS des stationären Sektors Zugriff bekommt. Weitere Einrichtungen der öffentlichen Versorgung, die in die Konzeption von Netzwerken der medizinischen UAS-Logistik einbezogen werden sollten, sind unter anderem Pflegeeinrichtungen und -dienste, die Wasserwacht oder das Technische Hilfswerk.

Um in Zukunft kostendeckend UAS-Netzwerke betreiben zu können, sollten UAS als Bestandteil der rettungsdienstlichen Versorgung und Vorhaltung finanziert werden. Denkbar wäre ein Modell, in das Mittel der Krankenkassen, der Feuerwehren und des Katastrophenschutzes (im Rahmen der nichtpolizeilichen Gefahrenabwehr) einfließen. Reine Transportleistungen zwischen Institutionen der Gesundheitswirtschaft könnten durch Nutzungsentgelte oder Rahmenverträge abgegolten werden.

Standortplanung und Schaffung nötiger Infrastruktur
Im Sinne einer effizienten Ressourcenallokation im Versorgungssystem müssen die medizinisch definierten Anwendungsfälle anhand eines noch zu erstellenden Anforderungskatalogs geplant und in bestehende Versorgungsstrukturen integriert werden. Die Koordination von UAS-Einsätzen kann sich dabei an folgenden Routenprofilen orientieren, die auf alle genannten Nutzungsszenarien Anwendung finden. Gemäß ihrer Start- und Landeorte heißen sie:

One to one	One to many	Many to one	Many to many
UAS pendeln auf einer Route zwischen zwei Standorten.	UAS fliegen von einem Standort aus verschiedene andere an.	UAS verschiedener Standorte fliegen einen zentralen Standort an.	UAS verkehren bedarfsabhängig zwischen verschiedenen Standorten.

Je nach Routenprofil ergeben sich daraus verschiedene Implikationen für den Aufwand und möglichen Grad einer Standardisierung. Transporte können planbar sein, oder spontan anfallen. Zudem werden je nach Anwendungsfall entweder bekannte Ziele angeflogen oder neue Lande- und Zielorte mit der Routenplanung abgestimmt. Mit steigender Zahl an Zielen und Startpunkten sowie der Planbarkeit der Einsätze nimmt die Dynamik und Komplexität von UAS-Systemen zu. Regelmäßig auf derselben Route fliegende UAS werden leichter zu automatisieren und zu standardisieren sein als ein komplexes und dynamisches Netz verschiedener UAS und Nutzungsszenarien.

Bei der Standortplanung für permanente UAS-Landeplätze ist von einer starken Reglementierung auszugehen, ähnlich der Auflagen bei der Errichtung von Helipads. Vorgaben zur Einrichtung der Infrastruktur am Boden sollten aber zweckmäßig und auf medizinische UAS als Teil eines umfassenden Netzwerkkonzeptes ausgerichtet sein.

Vorbereitung von Schnittstellen
Die Implementierung von innovativen UAS-basierten Transportlösungen erfordert die Vorbereitung und Öffnung von Schnittstellen. Dies betrifft die medizinischen Dienstleistungsangebote aller Sektoren. Für Einrichtungen des Rettungsdienstes ist die Definition und Umsetzung von Standardverfahrensanweisungen notwendig, u.a.

- die Zuweisung von Einsatzstichworten und/oder Notfallbildern im Einsatzleitsystem,
- die Platzierung in der Ausrückeordnung und/oder einem geodatenbasierten Alarmierungssystem für alle Rettungsmittelarten, um am Notfallort die im Umfeld einsatzbereiten Rettungsmittel bzw. -personal zu identifizieren,
- die Steuerung der UAS (UAS-Pilot) direkt aus der Leitstelle, wo die Implementierung im Einsatzleitsystem erfolgte.

Die technische Umsetzung für den Einsatz von UAS in den Rettungsleitstellen scheint relativ einfach realisierbar, da bereits Erfahrungen aus der erfolgreichen Integration von anderen zusätzlichen Rettungsmitteln und -kräften (bspw. First-Responder-Einheiten) vorliegen. Für den Transport zwischen Krankenhäusern und medizinischen Institutionen bzw. zwischen örtlich getrennten Organisationsstandorten, ist die funktionale Einbindung an bestehende Logistiksysteme und -prozesse zu sichern und wird als komplexer eingestuft.

10.5   Entwicklung von Berufsbildern

Organisatorische Aspekte
Zur Deckung des Personalbedarfs bei medizinischen UAS-Services ist die Ausschöpfung von Skalen- und Synergieeffekten in wachsenden Netzwerken langfristig erforderlich. Geschulte Pilotinnen und Piloten könnten den Betrieb in regional zentralisierten Steuerungszentralen für unterschiedliche Nutzungsszenarien überwachen.

Aus dem Netzwerkkonzept ist eine Definition des Personalbedarfs mit Tätigkeitsbeschreibungen abzuleiten. Daraus ergibt sich ein Kompetenzen- und Fertigkeitenmodell, das als Vorlage für ein Schulungskonzept für UAS-Pilotinnen und Piloten und Unterstützungspersonal dienen kann und die Grundkompetenzen ebenso abbilden muss wie eine Übertragbarkeit und Anwendbarkeit auf verschiedene medizinische Nutzungsszenarien. Ebenso ist die Planung von Dienstmodellen erforderlich, bei der auf Erfahrungen aus bereits erfolgen Erweiterungen von Berufsbildern bspw. von Leitstellen-, Logistik- und Sicherheitspersonal zurückgegriffen werden kann.

Mit langfristiger Entwicklung von UAS-Netzwerken und Flotten für unterschiedliche Anwendungsfälle ist zudem der Bedarf an technischer Betreuung durch Wartung und Reparatur zu berücksichtigen. Auszuarbeitende Konzepte sollten eine Abstimmung mit Bereichen des technischen Betriebes der betreibenden Organisationen berücksichtigen. Auch hier werden sich perspektivisch Schulungsbedarfe ergeben.

Es ist davon auszugehen, dass zukünftig in immer mehr Behörden mit Ordnungs- und Sicherheitsaufgaben (BOS) unbemannte Fahrzeuge zum Einsatz kommen. Für eine erfolgreiche Eingliederung ist es nützlich, Fachberater/innen mit speziellen Kenntnissen zu UAS, boden- (UGV) oder wassergebundenen (UWV) Einsatzsystemen auszubilden und einzusetzen.

Dafür gibt es verschiedene Ansätze, etwa den „Leitfaden für Behörden und Organisationen mit Sicherheitsaufgaben", in dem ein Vorschlag zur Qualifikation von Fachberaterinnen und Fachberatern „Rettungsrobotik" erarbeitet wird (Vgl. Potthast, 2020). Diese sollten demnach

- Angehörige einer BOS und idealerweise auch Angehörige der zu beratenden Organisation sein,
- Stäbe oder Einsatzleitungen fachlich/technisch beraten, ohne aber selbst Führungskräfte sein zu müssen,

- über mehrjährige Erfahrung im Umgang mit den sich im Einsatz befindlichen und verfügbaren Systemen verfügen,
- umfangreiche technische als auch operativ-taktische Kenntnisse der bei den BOS verfügbaren und einsatzfähigen unbemannten Einsatzunterstützungsmitteln besitzen.

Die Fachberatung „Rettungsrobotik" könnte folgende Aufgaben von BOS und insbesondere in der Gesundheitsversorgung übernehmen:

- Planung von Organisationsstrukturen für die Integration von UAS in BOS,
- Integration medizinischer Einsätze in Luftraumstrukturen und Einholung von Genehmigungen sowie Freigaben,
- Einschätzung der Einsatzumgebung, bspw. anhand von Wetterdaten,
- Überwachung von Rüst-/Einsatzzeiten für Transportaufgaben und Datenübermittlungen,
- Beratung über Einsatzoptionen im Krisenmanagement,
- Koordination und Kommunikation bei gemeinsamen Einsätzen von bemannten und unbemannten Luftfahrzeugen sowie den Hilfskräften am Boden.

Rechtliche Aspekte

Mit Blick auf die Etablierung neuer Berufsbilder sind rechtliche Vorgaben zu beachten, die sich vor allem aus der Verordnung (EU) 2019/947 ergeben. Darin werden insbesondere die Anforderungen an die Ausbildung von Fernpilotinnen und -piloten, aber auch von anderem Personal aufgestellt. Diese unterscheiden sich je nach UAS-Betriebskategorie.[1]

Ausweislich Art. 8 Abs. 1 (EU) 2019/947 ist es für den Betrieb in der „offenen" Kategorie ausreichend, dass Fernpilotinnen und -piloten den in Teil A des Anhangs genannten Anforderungen genügen. Sie müssen also mit dem Benutzerhandbuch vertraut sein und eine Theorieprüfung bestanden haben bzw. im Fall der Unterkategorie A 2 Inhaberinnen bzw. Inhaber eines entsprechenden Zeugnisses sein, das in Abs. 2 dieser Unterkategorie näher beschrieben wird. Zuständig sind nach Art. 18 c) die nationalen Behörden.

UAS-Flüge in der medizinischen Versorgung werden jedoch regelmäßig an den Anforderungen für Fernpilotinnen und -piloten in der „speziellen" Betriebskategorie auszurichten sein. Gemäß Art. 8 Abs. 2 (EU) 2019/947 obliegt die Festlegung der erforderlichen Kompetenzen in diesem Fall der zuständigen nationalen Behörde. Sie kann diese Anforderungen im Rahmen der von ihr erteilten Betriebsgenehmigung in einem Standardszenario nach Anhang 1 oder als Teil des LUC-Zeugnisses festlegen. Art. 8 Abs. 2 statuiert jedoch einen Katalog mit Mindestanforderungen, deren Einhaltung die nationale Behörde zwingend sicherzustellen hat.

---

[1] Zur Unterscheidung zwischen der „offenen", „speziellen" und „zulassungspflichtigen" UAS-Betriebskategorie s. Art. 3 ff. (EU) 2019/94 sowie Abschnitt A2.2 zum EU-Recht.

Weitere Details ergeben sich aus Teil B des Anhangs zu der Verordnung. Aus Abschnitt UAS.SPEC.050 geht u. a. hervor, dass UAS-Betreiber dafür zu sorgen haben, dass die eingesetzten Pilotinnen und Piloten entsprechend der in der Betriebsgenehmigung benannten Ausbildung zur Flugdurchführung qualifiziert sind. Ihre Ausbildung muss insbesondere die in Art. 8 Abs. 2 der Verordnung genannten Kompetenzen umfassen und für den konkreten Betrieb konzipiert sein, für den die entsprechende Betriebsgenehmigung erforderlich ist, und ist in Zusammenarbeit mit einer von der genehmigenden Behörde anerkannten Stelle durchzuführen.

Auch das übrige Personal, das mit wichtigen Aufgaben in den UAS-Betrieb involviert ist, unterliegt bestimmten Anforderungen. So muss es eine vom Betreiber entwickelte Ausbildung am Arbeitsplatz abgeschlossen haben und über das gerätespezifische Betriebshandbuch informiert worden sein.

Die konkrete Umsetzung dieser Mindestanforderungen in der speziellen Kategorie wird jedoch von der jeweiligen Genehmigungsbehörde auf den Einzelfall bezogen ausgestaltet. Betriebsgenehmigungen werden also – sofern sie nicht aufgrund des Behördenprivilegs entbehrlich sind – nicht nur Anforderungen an den Flugbetrieb, sondern auch an die Kenntnisse der Steuernden stellen.

Sollte eine Genehmigung aufgrund des Behördenprinzips entbehrlich sein, so obliegt die Sicherstellung des luftrechtskonformen und sicheren Betriebs dem jeweiligen Betreiber. Dennoch empfiehlt sich zur Orientierung eine Anleihe an den für nicht-behördliche Akteurinnen und Akteuren zwingenden Regelungen. Wünschenswert wäre die Entwicklung von auf den medizinischen Bereich zugeschnittenen Anforderungen, die zwar an die EU-Vorschriften angelehnt sind, zugleich jedoch auch die Besonderheiten der Notfallrettung sowie anderen Einsätzen im medizinischen Bereich berücksichtigen. Einen Ansatzpunkt könnte das vom Bundesamt für Bevölkerungsschutz und Katastrophenhilfe (Vgl. Bundesamt für Bevölkerungsschutz und Katastrophenschutzhilfe, 2019, Anhang 1 auf S. 25) aufgelegte Muster-Ausbildungsprogramm für UAS-Pilotinnen und Piloten darstellen, das unter Rückgriff auf einschlägige europarechtliche Regelungen wie der „Acceptable Means of Compliance" zur Verordnung (EU) 2019/947 erweitert werden könnte.

Keine konkreten Vorgaben macht das EU-Recht bislang bezüglich der Anforderungen für Fernpilotinnen und -piloten in der zulassungspflichtigen Kategorie. Art. 3 c) statuiert lediglich, dass in diesen Fällen *„gegebenenfalls eine Fernpiloten-Lizenz benötigt"* wird. Für die Erteilung, die Aussetzung und den Widerruf von entsprechenden Lizenzen ist nach Art. 18 b) die zuständige nationale Behörde verantwortlich. Mangels Anhaltspunkte auf EU-Ebene ist daher momentan davon auszugehen, dass die Festlegung der Anforderungen für eine Lizenz von der nationalen Behörde in Zusammenarbeit mit den anerkannten Prüfstellen und in Hinsicht auf den jeweiligen Einzelfall getroffen wird.

Literatur

Bundesamt für Bevölkerungs- und Katastrophenschutzhilfe. (01. Mai 2019). Version 1. *Empfehlungen für Gemeinsame Regelungen zum Einsatz von Drohnen im Bevölkerungsschutz.* https://www. bbk.bund.de/SharedDocs/Downloads/BBK/DE/Publikationen/Broschueren_Flyer/Empfehlungen_Geme_Regelungen_Drohneneinsatz_BevS.pdf?__blob=publicationFile. Zugegriffen am 31.10.2020.

Claesson, A., Bäckman, A., Ringh, M., Svensson, L., Nordberg, P., Djärv, T., & Hollenberg, J. (2017). Time to delivery of an automated external defibrillator using a drone for simulated out- of-hospital cardiac arrests vs emergency medical services. *JAMA, 317*(22), 2332–2323.

Fleßa, S., Aichinger, H., & Bratan, T., (2020). *Innovationsmanagement diagnostischer Geräte am Beispiel der Detektion zirkulierender Tumorzellen.* Gesundheitsökonomie & Qualitätsmanagement.

Potthast, F. (2020). *Fachberater Rettungsrobotik. Leitfaden für Behörden und Organisationen mit Sicherheitsaufgaben.* http://www.frankpotthast.de/.cm4all/uproc.php/0/Download/Fachberater%20Rettungsrobotik.pdf?cdp=a&_=174e35fda80. Zugegriffen am 02.12.2020.

Vorschläge zur Gestaltung von Richtlinien

11

Mina Baumgarten, Oliver Heinrich, Felix Schwarz
und Paul Studt

11.1 Vereinfachung der Genehmigungsverfahren

Um ein Angebot von UAS-Betreibern in der Gesundheitsversorgung aufzubauen, sind möglichst einfache Zustimmungsanforderungen und Genehmigungsverfahren zu schaffen. Hilfreich wäre sowohl von Behörden- als auch Betriebsseite die Erstellung klarer, auf die Gesundheitsversorgung zugeschnittener Anforderungskataloge. Bei deren Erfüllung muss eine gebundene Entscheidung zur Erteilung der Betriebsgenehmigung erfolgen. Selbst wenn aufgrund privilegierten Betriebs eine solche Zustimmung bzw. Genehmigung formal nicht erforderlich ist, böte ein Anforderungskatalog eine wertvolle Leitlinie für Behörden und andere privilegierte Betreiber, um allgemein die Anforderungen an den sicheren Luftverkehr und speziell die Sicherheitsziele der EU-Verordnungen einzuhalten.

Um die wirtschaftliche Nutzung von UAS und Verbreitung in der Gesundheits- und Notfallversorgung zu fördern, sollten Anforderungen an die Aufsicht des UAS-Betriebs mit Augenmaß gestellt werden. Denn während Behörden der Mehrwert aus der UAS-Nutzung häufig bereits bewusst ist, rechnet sich bei (zunächst) nur vereinzelt auftretenden Anwendungsfällen die Investition nicht. Dem gegenüber kann sich die Situation für Dienstleisterinnen und Dienstleister wirtschaftlich vorteilhafter darstellen, wenn sie mit ihrem Angebot die Bedürfnisse verschiedener Behörden abdecken können und sich somit auch die Einsatzhäufigkeit erhöhen lässt. Die Verfügbarkeit von Dienstleistungen am

M. Baumgarten (✉)
Klinik für Anästhesie, Intensiv-, Notfall- und Schmerzmedizin, Universitätsmedizin Greifswald, Greifswald, Deutschland
E-Mail: mina.baumgarten@med.uni-greifswald.de

O. Heinrich · F. Schwarz · P. Studt
BHO Legal, Köln, Deutschland
E-Mail: oliver.heinrich@bho-legal.com; felix.schwarz@bho-legal.com

M. Baumgarten et al. (Hrsg.), *Unbemannte Flugsysteme in der medizinischen Versorgung*, https://doi.org/10.1007/978-3-658-35372-8_11

Markt förderte dann wiederum die Einsatzverbreitung von UAS im Gesundheitswesen und wäre somit ihrer Weiterentwicklung zuträglich.

Der derzeitige Katalog zu geografischen Beschränkungen der Luftverkehrsordnung sollte durch entsprechende Ausnahmetatbestände erweitert werden, bei deren Erfüllung die behördliche Genehmigung zu erteilen ist, um Einzelfallanalysen möglichst zu reduzieren. Betriebsleitlinien bei Anwendung des Behördenprivilegs könnten helfen, die schon vorhandene potenzielle Basis von Dienstleisterinnen und Dienstleister auch im Aufbau von UAS-Services zu unterstützen. Eine Integration der UAS-Transporte in Behörden der Gesundheitsversorgung könnte die Notwendigkeit zur Einholung von Betriebsgenehmigungen erheblich reduzieren, erfordert jedoch den selbstständigen Aufbau von derzeit nicht vorhandenen Kompetenzen. Dies stellt auch eine Anforderung auf die Gestaltung der UAS-Märkte dar, die unter Abschnitt Kap. 9 behandelt wird. Bei der Anwendung der neuen EU-Regularien sollten Spielräume im Sinne der vorgenannten Punkte genutzt und weiter ausgestaltet werden.

Sobald und insofern das EU-Recht anzuwenden ist, ist davon auszugehen, dass ein Großteil der medizinischen Einsätze der „speziellen" Kategorie zuzuordnen sind. Als Grundlage für die Erteilung einer Betriebsgenehmigung ist die Durchführung einer Risikobewertung auf Basis eines Betriebskonzeptes notwendig. Für wiederkehrende und ähnlich gelagerte Einsatzszenarien besteht die Möglichkeit, in Abstimmung mit den Landesluftfahrtbehörden und/oder dem BMDV einheitliche Vorlagen zur deutschlandweiten Nutzung für medizinische Einsatzzwecke zu erstellen.

In diesem Zusammenhang sollte auch geprüft werden, ob der Einsatz von UAS für medizinische Zwecke in Form eines Standardszenarios bei der EASA etabliert werden könnte. Dies hätte den Vorteil, dass UAS-Betreiber, die vorhaben, gemäß diesem Szenario einen medizinischen Luftfrachtdienst anzubieten, hierzu keine gesonderte Risikobewertung mehr durchführen. Sie müssten stattdessen lediglich nachweisen, dass sie mit den dargelegten Anforderungen konform gehen.

Des Weiteren sollte seitens der genehmigenden Behörden die Möglichkeit einer digitalen Antragsstellung und -bearbeitung eingeräumt werden. Bewerberinnen und Bewerber könnten auf die im digitalen Archiv bereits vorliegenden Unterlagen verweisen und müssten ihre Dokumente nicht bei jeder Antragstellung erneut einreichen.

Bei der Erstellung des Betriebshandbuches und der Risikobewertung wird derzeit von den Antragstellenden erwartet, darin das zu verwendende Fluggerät samt Ausstattung zu beschreiben. Der Abstimmungsprozess mit den Behörden könnte hier deutlich verkürzt werden, wenn die Anforderungen an das Fluggerät bzw. an seinen Betrieb in Form einer funktionalen Leistungsbeschreibung grundsätzlich definiert wäre.

11.2   Bedingungen für uneingeschränkte Einsatzbereitschaft

Neben den technischen Anforderungen, die ein unbemanntes Luftfahrzeug zu erfüllen hat, um eine möglichst hohe Verfügbarkeit erzielen zu können, existieren auch gesetzliche Vorgaben, die den Betrieb einschränken. Ein wesentlicher Punkt ist dabei, dass nach derzeit geltenden Regeln Sichtflugbedingungen vorliegen müssen, um mit dem UAS aufsteigen zu dürfen. Diese Sichtflugbedingungen, die in den SERA geregelt sind und ursprünglich für die bemannte Luftfahrt erstellt wurden, sollten unbedingt auf ihre Anwendbarkeit auf UAS überprüft werden. Hierzu wurde bei der EASA bereits eine Arbeitsgruppe gegründet.

Es ist den Anwendern medizinischer UAS-Projekte zu empfehlen, ihrerseits Anforderungen zu formulieren und den Behörden zur Verfügung zu stellen.

11.3   Sichere Luftraumintegration

Die gegenseitige Sichtbarkeit der Luftverkehrsteilnehmenden ist eine wesentliche Voraussetzung für die sichere Integration von unbemannten Luftfahrzeugen in den bestehenden Luftverkehr. Sie muss durch ein Verkehrsmanagementsystem unterstützt werden. Auf Grundlage der U-Space Verordnung soll das U-Space-System künftig einen Verkehrsinformationsdienst (Traffic Information Service) anbieten, dem UAS-Betreiber verpflichtend die Identifikations- und Positionsdaten ihrer Fluggeräte übermitteln. Anhand der Positionsdaten der UAS und in Verbindung mit Luftverkehrsdaten der bemannten Luftfahrt soll den UAS-Betreibenden die aktuelle Luftlage zur Verfügung gestellt werden. Verkehrsteilnehmende werden so dabei unterstützt, ihre Fluggeräte voneinander fernzuhalten. Allerdings sind nicht alle Flugzeuge standardmäßig mit einem Transponder ausgestattet: Privatleuten, die außerhalb des kontrollierten Luftraums fliegen, ist es bislang freigestellt, ihr Luftfahrzeug auf diese Weise erkennbar zu machen.

Allerdings weist die EASA ausdrücklich darauf hin, dass Services nicht überall zur Verfügung stehen werden. Vielmehr empfiehlt sie die Einrichtung von U-Space-Lufträumen in und über Städten sowie in der Nähe von Verkehrsflughäfen, wo mit einer erhöhten Verkehrsdichte und mit einem erhöhten Abstimmungsaufwand mit der bemannten Luftfahrt zu rechnen ist. Ländliche Bereiche stehen somit nicht im Fokus für U-Space Services und könnten vermutlich aufgrund der teilweise schlechten Mobilfunkabdeckung nicht zuverlässig integriert werden.

Zudem kann U-Space auch eine hemmende Wirkung auf den Einsatz von UAS im Rettungseinsatz haben, wenn, wie unter Kap. 7 dargestellt, z. B. Forderungen zur Fluganmeldung vorliegen, die der Eilbedürftigkeit in Notfallsituationen entgegenstehen. Für eine sinnvolle Nutzung des U-Space ist auch diesen Besonderheiten mit adäquaten Anforderungen zu begegnen, wie z. B. Prioritäts- oder Ausnahmeregeln bei Notfalleinsätzen von UAS.

Gordon Strickert, Sabrina John, Johann Röper
und Holger Schulze

12.1   Steigerung der Flugleistungen

Geschwindigkeit, Nutzlast und Reichweite
Die Reichweite und die Nutzlast der Fluggeräte müssen auf die geplanten Einsatzanforderungen ausgelegt sein. Dabei ist zu beachten, dass die UAS in der Regel am Einsatzort keine Möglichkeit des Akkuwechsels haben werden. Insofern müssten genug Reserven einberechnet werden, damit das UAS wieder zum Ausgangspunkt zurückfliegen könnte und darüber hinaus noch genug Kapazitäten für ein Contingency Management, also z. B. dem Ausweichen gegenüber anderen Luftverkehrsteilnehmern, vorhanden sind.

Die wesentliche Anforderung für eine abrufbare Flugleistung ist die sichere Bereitstellung eines 24/7 betriebsfertig geladenen Akkus, mit dem die angestrebte Einsatzreichweite anspruchsgemäß erreicht werden kann. Dies kann durch weitgehende Automatisierung

G. Strickert (✉)
DLR Institut für Flugsystemtechnik, Braunschweig, Deutschland
E-Mail: gordon.strickert@dlr.de

S. John
GLVI Gesellschaft für Luftverkehrsinformatik mbH, Hamburg, Deutschland
E-Mail: s.john@glvi.de

J. Röper
Universität Greifswald, Greifswald, Deutschland
E-Mail: johann.roeper@stud.uni-greifswald.de

H. Schulze
German Copters DLS GmbH, Dresden, Deutschland
E-Mail: h.schulze@germancopters.de

M. Baumgarten et al. (Hrsg.), *Unbemannte Flugsysteme in der medizinischen
Versorgung*, https://doi.org/10.1007/978-3-658-35372-8_12

erfolgen oder aber durch Bereitstellung eines qualifizierten, rund um die Uhr verfügbaren Serviceteams. Somit bedarf es eines Akkumanagements, das an fest verbauten oder austauschbaren Akkus ausgerichtet ist. Flexibler und leistungsfähiger ist derzeit ein Akkumanagement als Bestandteil der Basisstation, welches auf austauschbaren Einzelakkus basiert. Neben dem Laden/Entladen direkt im UAS könnten hier Reserveakkus vorgehalten, ebenfalls geladen und getauscht werden, um eine schnelle Einsatzbereitschaft zu ermöglichen.

Die momentan gebräuchlichen Lithium-Polymer- und Lithium-Ionen-Akkus erfordern für die Erzielung einer hohen Lebensdauer ein striktes Lade- und Entlademanagement, wie bspw. die Ladung auf Maximalkapazität erst kurz vor Benutzung. Je nach Einsatzzweck (ad hoc bei AEDs, feste Zeitslots bei planbaren Transporten) sind deshalb mögliche Reduzierungen der Flugdauer oder Lebensdauer der Akkus zu akzeptieren und einzuplanen.

12.2 Ausbau der technischen Zuverlässigkeit

Um einen nachhaltigen Business Case zu ermöglichen, müssen die UAS ähnlich wie in der Passagierluftfahrt erheblich zuverlässiger sein als gesetzlich gefordert. Beispielsweise der Verlust zu befundender Schnellschnittproben durch einen technischen Fehler sollte mit hoher Sicherheit ausgeschlossen werden können. Passende Quantifizierungen der geforderten Zuverlässigkeit lassen sich ebenso im Medizintechniksektor finden wie auch aus Analogien mit der bemannten Luftfahrt ableiten.

UAS-Betreiber müssen sich zur Einschätzung ihrer realisierten technischen Zuverlässigkeit ggf. weiter qualifizieren und passende Maßnahmen ergreifen, um sie z. B. durch Redundanzkonzepte, Monitoring, Qualitätssicherung, Tests und Kontrollen, Beschaffungsrichtlinien usw. deutlich und laufend zu erhöhen.

Resistenz gegenüber Umwelteinflüssen
Resistenz gegenüber allen meteorologischen Einflüssen und jederzeitige Einsatzbereitfähigkeit kann nach heutigem Kenntnisstand nicht von einem einzigen UAS-System erreicht werden. Somit bedarf es der Entwicklung eines geeigneten Flottenportfolios, das in allen Regionen Deutschlands zu jedem Zeitpunkt verschiedene medizinische Missionen erfüllen kann.

Um UAS mit großer Resistenz gegenüber Umwelteinflüssen für die Regelversorgung herzustellen, sollten sich Qualitätsansprüche an Industrie- oder Luftverkehrsstandards orientieren. Hersteller können und müssen Flugsysteme mit deutlich höherer Lebensdauer bauen, im Gegenzug sind deutlich höhere Systempreise zu akzeptieren. Dies wird erst mit längeren Entwicklungszyklen bei einer Ausreifung der Technologie erreicht werden.

GNSS-Systeme und Datenverbindung
Ein sicherer 24/7-Betrieb sollte GNSS-unabhängige Lösungen für kritische Flugstrecken vorsehen. Mögliche Technologien sind hier die optische Navigation, bodengebundene

Pseudoliten, die laufzeitbasierte Abstandsmessung (Lidar, Radar, Ultraschall) zum Lande-punkt usw.

Flächendeckende Funknetzverbindungen müssen außerordentlich sicherheitskritische Anforderungen an einen standardisierten und flächendeckenden UAS-Betrieb erfüllen. Da Verkehrsmanagementsysteme für UAS nach derzeitigem Kenntnisstand für die Kommuni-kation mit unbemannten Luftfahrzeugen in hohem Maße auf Mobilfunk setzt, muss in je-dem Umfeld eine vollumfängliche Netzabdeckung sichergestellt werden können. Das ist insbesondere in Städten ein wichtiger Aspekt, da es durch (sehr) hohe Gebäude zu Ab-schattungen der elektromagnetischen Felder und damit zu Einschränkungen der Mobil-funkversorgung kommen kann. Zugleich sind aus ländlichen Regionen kritische Funklö-cher bekannt, die UAS-Einsätze erheblich erschweren.

Kollisionsverhütungssysteme im Rahmen des Verkehrsmanagements können grund-sätzlich bordgestützt sein oder zentral gesteuert werden. Hier ließe sich auf Lösungen der bemannten Luftfahrt zurückgreifen, wo Pilotinnen bzw. Piloten und das TCAS (Traffic Alert and Collision Avoidance System) dezentral an Bord sowie die Flugsicherung zentral am Boden die Verkehrsabläufe sichern.

Für Flüge in Lufträumen, in denen Begegnungen mit der bemannten Luftfahrt wahr-scheinlich sind, muss in jedem Fall die Kenntnis der Flugsicherung über die UAS-Flüge gewährleistet sein, damit bestenfalls die Position des UAS zentral nachverfolgbar bleibt. Dies setzt allerdings eine Integration der unbemannten Luftfahrt in die bestehenden Flugs-icherungssysteme voraus.

Anwender medizinischer UAS brauchen zur Sicherstellung des Betriebs eine stabile Datenverbindung und deshalb eine uneingeschränkte Freigabe der Mobilfunkdienste. Bis-her ist die Abstrahlcharakteristik der Mobilfunkmasten für UAS nicht optimal, was auch daran liegt, dass ihre Betreiber nicht mit Sonderansprüchen auftreten. Über die betriebli-che Kundenbeziehung zu Netzbetreibern hinaus müssen Vorzugsdienste für UAS erwogen werden, um auch bei Notlagen die medizinische Versorgungssicherheit zu gewährleisten.

Software zur Datenverarbeitung
Ein Großteil der Wertschöpfung von UAS resultiert aus Softwaremodulen für Missions-und Flugplanung, Kommunikation, Navigation, Flugregelung, der Erfassung des momen-tanen Flugzustandes und von Umweltdaten. Zur Gewährleistung der benötigten Zuverläs-sigkeit sollten die Hersteller von UAS eine umfassende Software-Strategie verfolgen. Teile dieser Strategie können

- das Anforderungsmanagement,
- die Testkonzepte (Unit Tests, Integrationstests, Black-Box-Tests, automatisierte Tests),
- die Dokumentation,
- die automatische Codeerzeugung,
- das Versionsmanagement, sowie
- die Softwareentwicklung anhand von Standards, z. B. DO-178C

Tab. 12.1 Automatisierungspotenzial für künftige UAS-Einsätze

Missionsteil	Status quo	Automatisierungspotenzial
Fluganforderung durch med. Personal, Rettungsleitstelle oder Ersthelfer-App	Personal, Telefon, E-Mail	softwarebasiert
Flugplanung	manuell mit Softwareunterstützung und Nutzung diverser Datenquellen	software- und datenbankbasiert
Flugvorbereitung	manuell, physischer Zugang zur UAS benötigt	Selbstdiagnose der UAS
Akkuhandling	manuell bis elektronisch unterstützt	automatischer Akkuwechsel oder Laden der UAS in der Basisstation
Genehmigung/Freigabe Flugplan	hoher Abstimmungsbedarf und Arbeitsaufwand	automatisch oder pauschal, innerhalb eines vorverhandelten Rahmens
Luftraumbeobachtung Start/Landung	Personal vor Ort	Remote aus Leitstelle über Video/Sensoren
Luftraumbeobachtung en route	Personal vor Ort, entlang der Flugroute	Remote aus Leitstelle über On-Board-Video, Kollisionsvermeidungssensorik, Transponder
Start	manuell bis automatisch	vollautomatisch
Wegpunktbasierter Flug	automatisch	automatisch
Umplanung/Ausweichen im Flug	starke Nutzerinteraktion benötigt	Vorplanung automatisch, Bestätigung durch schwache Nutzerinteraktion
Monitoring kritischer Betriebsparameter	während des gesamten Fluges durch Personal erforderlich	Selbstmonitoring mit aktiver Benachrichtigung der/des Betreibenden bei Auffälligkeiten
Emergency Response/ Rettungs- und Benachrichtigungskette	hoher Abstimmungsbedarf zwischen verschiedenen Stellen, Personalbindung	vorabgestimmt, Auslösung UAS-seitig mit Betreiberbestätigung
Abwurf, Auslieferung, Absetzen	Personal vor Ort zur Freigabe/Sicherheits-bewertung	auf gesperrtem Gelände automatisch, sonst weiter qualifiziertes Personal vor Ort benötigt, ggf. Remoteüberwachung durch Video
Landung	Personal vor Ort oder bei abgesperrten Bereichen bereits automatisch	automatisch, ggf. Remoteüberwachung über Video
Flugdokumentation	manuell, allerdings automatische Aufzeichnung von Fluglogs	automatische, rechtssichere Dokumentation, z. B. in Black-Box oder Leitstelle
Wartung, Reparatur	manuell, physischer UAS-Zugang erforderlich	manuell (aber seltener infolge zunehmender Zuverlässigkeit)

Quelle: Eigene Darstellung

sein. Zudem gilt es, in Kenntnis möglicher Schnittstellen zwischen Hardware, Software und U-space-System die bekannten und zuvor als Insellösungen bezeichneten Ansätze zusammenzutragen und zu vereinheitlichen.

12.3 Fortschreitende Automatisierung

Um eine sichere und automatisierte Integration von UAS in den bestehenden Luftverkehr gewährleisten zu können, ist eine gegenseitige Sichtbarkeit der Verkehrsteilnehmenden im Luftraum von kritischer Bedeutung. Insbesondere wenn die UAS-Einsätze außerhalb der Sichtweite der Steuernden stattfinden und sie damit nicht mehr in der Lage sind, den Umgebungsluftraum zu beobachten, müssen entsprechende Hilfsmittel, bspw. Kollisionsverhütungssysteme, zur Verfügung stehen, um etwaige Konflikte zwischen Luftfahrzeugen zu verhindern.

Die Tab. 12.1 zeigt typische Missionsteile für die Implementierung, den Status quo und Potenziale zur Automatisierung.

12.4 Verbesserung des Produktdesigns

User Experience
Da nicht von einer umfangreichen Schulung im Umgang mit UAS für das gesamte medizinische Personal in Krankenhäusern oder anderer Gesundheitseinrichtungen ausgegangen werden kann, sollte eine möglichst einfache Handhabung der Infrastruktur gewährleistet sein. Wesentlich ist, das Gerät trocken zu lagern und die UAS-Ports so zu konstruieren, dass die Nutzlast nur noch in eine Vorrichtung geschoben werden muss. Ein integrierter und automatischer Mechanismus sollte für die ordnungsgemäße Befestigung ans UAS sorgen.

Stakeholder Experience
Der Aspekt Annoyance sollte in der Produktentwicklung bereits aufgegriffen und dessen Ursachen vermieden werden. Ist eine Erscheinung der UAS in der subjektiven Wahrnehmung Dritter unvermeidlich, sollte diese positiv geprägt werden, also bspw. durch Unterstützung von Ersthelfern in Notfallsituationen, Kennzeichnung als medizinisches Gerät und Information der Bevölkerung.

Als entsprechende Maßnahmen können hier schall- und lichtemissionsarme Designs durch die Hersteller umgesetzt werden. Betreiber von UAS können auf die Planung von Flugpfaden verpflichtet werden, bei denen möglichst wenige Personen beeinträchtigt oder überflogen werden. Im Einsatzbereich Notfallversorgung werden sich solchen Anforderungen gegenüber aber naturgemäß Grenzen ergeben. Zudem können die am Boden wahrnehmbaren Schallereignisse analog der bemannten Luftfahrt durch lärmarme Flugprozeduren beispielsweise für Start und Landung reduziert werden.

12.5   Erstellung von Flottenkonzepten

Mit dem Grad der Standardisierung der UAS-Nutzung in der deutschen Gesundheitsversorgung werden sich die Anforderungen von Anwendern an die technischen Geräte entwickeln. Für die Verbesserung der Versorgungsqualität, des Grades der Integration in bestehende Strukturen sowie zur Erfüllung ökonomischer Anforderungen bedarf es formulierter Ansprüche der Anwender, die von Entwicklern erfüllt werden müssen.

Aus Perspektive der Anwender werden Flottenkonzepte mit steigendem Nutzungsvolumen zunehmende Bedeutung erlangen. In Flottenkonzepten müssen redundante Vorhaltungen im Sinne von Sicherheitsreserven, aber auch die Vereinfachung von Wartung, Steuerung, Schulung und standardisierter Schnittstellenintegration erfüllt sein. Nur eine standardisierte UAS-Flotte kann einen effizienten Unterhalt gewährleisten und durch einheitliche Designs für einen Wiedererkennungswert sorgen.

Aus Sicht der Entwickelnden sollte eine einheitliche Software-Infrastruktur gewahrt werden, welche den Schulungsbedarf von Pilotinnen und Piloten möglichst geringhält und so die Anwendbarkeit sichert. Während vermutlich zeitnah UAS-Typen für verschiedene Anwendungsszenarien hervorgebracht werden, kann durch eine einheitliche Infrastruktur am Boden eine nachhaltige Nutzbarkeit gewährleistet werden. Weiterentwicklungen von Technik und Software sollten unbedingt über möglichst viele Innovationszyklen hinaus auf bestehende Infrastruktur übertragbar sein.

Voraussetzungen für Betriebskonzepte 13

Johann Röper, Julia Kuntosch, Sabrina John, Hanna Steinebach,
Suzan Lara Tunc, Steffen Fleßa, Klaus Hahnenkamp
und Mina Baumgarten

J. Röper (✉)
Universität Greifswald, Greifswald, Deutschland
E-Mail: johann.roeper@stud.uni-greifswald.de

J. Kuntosch · S. Fleßa
Gesundheitsmanagement, Universität Greifswald, Greifswald, Deutschland
E-Mail: julia.kuntosch@uni-greifswald.de; steffen.flessa@uni-greifswald.de

S. John
GLVI Gesellschaft für Luftverkehrsinformatik mbH", Hamburg, Deutschland
E-Mail: s.john@glvi.de

H. Steinebach
Wingcopter GmbH, Weiterstadt, Deutschland
E-Mail: steinebach@wingcopter.com

S. L. Tunc
Wingcopter GmbH, Weiterstadt, Deutschland
E-Mail: tunc@wingcopter.com

K. Hahnenkamp
Klinik für Anästhesie, Intensiv-, Notfall- und Schmerzmedizin, Universitätsmedizin
Greifswald, Greifswald, Hansestadt, Deutschland
E-Mail: klaus.hahnenkamp@uni-greifswald.de

M. Baumgarten
Klinik für Anästhesie, Intensiv-, Notfall- und Schmerzmedizin, Universitätsmedizin Greifswald,
Greifswald, Deutschland
E-Mail: mina.baumgarten@med.uni-greifswald.de

© Der/die Autor(en), exklusiv lizenziert durch Springer Fachmedien Wiesbaden
GmbH, ein Teil von Springer Nature 2022
M. Baumgarten et al. (Hrsg.), *Unbemannte Flugsysteme in der medizinischen
Versorgung*, https://doi.org/10.1007/978-3-658-35372-8_13

13.1 Konzeptionelle Ansätze

In der Schnittmenge der drei anderen Themengebiete dieses Positionspapiers – Versorgungssysteme, Richtlinien und Technik – bilden sich die Konzepte zur Ausgestaltung UAS-basierter Medizinlogistik. Für eine langfristige Innovationsadoption ihres systematischen Betriebs bedarf es indes einer logistischen Infrastruktur. Bisher konnte der aktuelle Forschungsstand zu medizinischen UAS in Deutschland nicht zum Design von Betriebskonzepten mit reellen Umsetzungschancen in einem langfristigen Realbetrieb führen.

Mit fortschreitendem Reifegrad der Innovation werden Betriebskonzepte von wachsender Bedeutung für die Innovationsadoption von UAS in der Gesundheitsversorgung sein. Einen Überblick über mögliche Einflussfaktoren, die bei der Erarbeitung von Betriebsmodellen berücksichtigt werden müssen, gibt die Umfeldanalyse in Abb. 13.1. Dieser systematische und umfassende Ansatz verfolgt das Ziel, auf gesamtwirtschaftlicher Ebene konzeptionelle Rahmenbedingungen zu erfassen, an denen sich schließlich einzelwirtschaftliche Leistungserbringende ausrichten können. In der Konzeption des künftigen Betriebes von UAS in der Gesundheitsversorgung ist zu beachten, dass die in Abb. 13.1 beschriebenen Determinanten in dynamischer und komplexer Beziehung zueinanderstehen.

Zu Einflussfaktoren auf den Betrieb medizinischer UAS gehören die unter Kap. 1 beschriebenen innovationstreibenden Bedarfe der Gesundheitsversorgung, darunter geografische, (geo-)demografische und infrastrukturelle Gegebenheiten. Notwendigen Einfluss auf künftige Betriebskonzepte haben auch die Strukturen der Gesundheitsversorgung, die eine bedarfsgerechte und sektorenspezifische Ausgestaltung der jeweiligen Betriebskonzepte erforderlich machen.

Abb. 13.1 Umsystem- und Umfeldanalyse. (Quelle: Eigene Darstellung, 2020)

13.2 Vergabe öffentlicher Aufgaben

Die Regelung des Grades der Ausgliederung öffentlicher Aufgaben an nicht-öffentliche Leistungserbringende für den Betrieb von medizinischer UAS-Logistik ist eine wesentliche Anforderung für die zukünftige Ausgestaltung von Betriebskonzepten. Ein Ausbleiben der Regelungstätigkeit würde zu einem Versagen der Innovationssteuerung führen und so eine künftige Adoption der UAS-Innovation verhindern. Je nach Grad der Auftragsvergabe an nicht-öffentliche Akteure ist zudem eine rahmengebende Marktgestaltung entscheidend für die Ausprägung zu entwickelnder Betriebskonzepte, in denen Aufgaben der UAS-gestützten Medizinlogistik übertragen werden.

Im Zuge der Ausgliederung öffentlicher Aufgaben und der Zuordnung der Leistungserstellung bedarf es insbesondere der Klärung, wie öffentliche Einflussnahme mit privater Aufgabenerfüllung in Übereinstimmung gebracht werden soll. Die Möglichkeiten öffentlicher Vergaben werden in Abb. 13.2 dargestellt. Im weiteren Sinne umfasst die Ausgliederung von Aufgaben der öffentlichen Verwaltung die Dezentralisierung von Budgetverantwortungen im Rahmen einer Globalbudgetierung bis hin zur absoluten Fremdvergabe an private Organisationen.

Bei Ausgliederung im engeren Sinne kann anhand der Rechtsfähigkeit der Organisationsform differenziert werden, an die eine Auftragsvergabe erfolgt. Eine häufig genutzte und auch für künftige Betriebskonzepte relevante Form der Ausgliederung zur Erbringung öffentlicher Aufgaben ist die Public-Private-Partnership (PPP), welche die wirtschaftliche und rechtliche Selbstständigkeit als Person privaten Rechts hält. In ihr kann die Leistungserstellung durch verschiedenste Organisationstypen gestaltet werden, denkbar sind hier

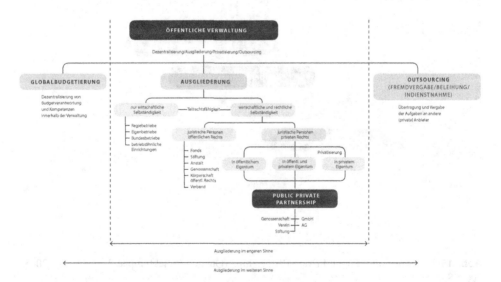

Abb. 13.2 Alternativen der Aufgabenerfüllung der öffentlichen Hand. (Quelle: Projektgruppe BundOnline 2005, 2004, S. 4)

also etwa karitative NPOs und Vereine, jedoch auch privatwirtschaftliche und kapital-
marktorientierte Unternehmen (Abb. 13.3).

Aus der Aufgabenübertragung ergibt sich der gesetzliche Regelungsbedarf hinsichtlich
der Flugerlaubnisse. Wie unter Kap. 7 und 11 dargelegt, stehen nicht-behördliche Einrichtungen vor erheblichen gesetzlichen Innovationsbarrieren. Hier zeigt sich bei der Erstellung von Betriebskonzepten eine bedeutende Schnittmenge zur erforderlichen Gestaltung
von Richtlinien.[1]

Zur Klärung des Grades privater Beteiligungen in der UAS-gestützten Medizinlogistik
sollte anhand der Dringlichkeit, Bedeutung und Grad der Innovation verschiedener Trans-
portanwendungen differenziert werden. Hinsichtlich der Dringlichkeit und Bedeutung der
Transporte könnte zwischen nicht planbarer notfallmedizinischer Versorgung und dem
Einsatz von UAS in regelmäßigen und im weiteren Sinne planbaren Transporten anderer
Sektoren unterschieden werden. An der Bedeutung dieser Transporte lässt sich der Grad

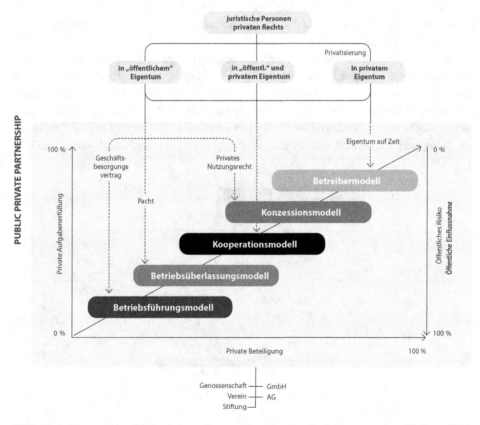

Abb. 13.3 Formen der Public-Private-Partnership. (Quelle: Projektgruppe BundOnline 2005,
2004, S. 5)

---

[1]Vgl. Kap. 11.

der privaten Beteiligung an der Leistungserstellung ausrichten. Zudem könnten sich Modelle zum Betrieb UAS-basierter Medizinlogistik zunächst an Anwendungen mit geringerer Novität ausrichten, während sprunghaft verdrängende Innovationen mit höherer öffentlicher Einflussnahme und größerer Vorsicht gesteuert werden. Diese Unterscheidung betrifft bspw. nicht planbare Einsätze von UAS zum AED-Transport oder des Krisenmanagements gegenüber dem Transport von Laborproben.

13.3 Überwindung von Markteintrittsbarrieren

Leistungsvergabe mit funktionaler Leistungsbeschreibung
Um die Wirkung der Innovationsförderung von Ausschreibungen im Wettbewerb noch besser nutzen zu können, ist bei Erstellung der Leistungsbeschreibung die oben bereits als innovationshemmend identifizierte Forderung funktionaler Leistungsbeschreibung gegenüber den Bietenden zu vermeiden. Stattdessen sind Leistungsbeschreibungen entlang abstrakt definierter Zielerreichungsgrade zu erstellen, um den Bietenden die Möglichkeit zu eröffnen, auch neue Lösungsmöglichkeiten anzubieten, solange das Ziel bzw. die geforderte Funktion erreicht wird.

Die Innovationsförderung kann darüber hinaus durch die Berücksichtigung von Themen wie Umweltverträglichkeit, Antriebsart, Entsorgungskonzepte, Wartungs- und Betriebskosten, Wartungsintervalle etc. weiter verstärkt werden. Dies empfiehlt sich gerade bei technikbasierten Dienstleistungen und erfüllt ein wichtiges Kriterium moderner Vergabeverfahren. Vergaben im Verhandlungsverfahren durchzuführen und den wettbewerblichen Dialog zur Erstellung einer Leistungsbeschreibung unter Berücksichtigung verschiedener Lösungsansätze zu nutzen bietet sich angesichts neuer Technologien an und ist vergaberechtlich regelmäßig zulässig.

Es besteht im Prozess auch die Option einer Innovationspartnerschaft, durch die in mehreren Phasen Entwicklungsschritte finanziert werden. Das Partnerunternehmen fungiert als natürlicher Erstkunde und befördert den erfolgreichen Markteintritt des Produkts (Stichwort „Anchor-Customer"). Dabei ist zu berücksichtigen, dass eine Innovationspartnerschaft ein langwieriges, komplexes und – angesichts paralleler Entwicklungsstränge – oft kostspieliges Verfahren ist, zumal die beschaffte Technologie noch nicht anderweitig am Markt verfügbar sein darf. Gerade der letzte Punkt unterstreicht aber wiederum die Eignung einer solchen Allianz zur Förderung der besonderen medizintechnischen Innovationsprozesse.

Personelles und technisches Qualifikationsregister
Im Zuge der Innovationsförderung und -steuerung könnte ein Qualifikationsregister entwickelt werden, in dem die grundsätzliche Eignung technischer und personeller Lösungen dokumentiert ist und das gleichzeitig als qualitative Markteintrittsbarriere genutzt werden kann. Eine Weiterentwicklung der bestehenden Systematik der Kenntnisnachweise für die Befähigung zur UAS-Steuerung sollte die Steuerung mehrerer UAS-Typen erleichtern.

Auch eine Zertifizierung technischer Lösungen nach einer funktionalen Leistungsbeschreibung sollte als fester Bestandteil eines Qualifikationsregisters aufgegriffen werden.

Räume zur Produktentwicklung

Gütertransporte mithilfe von UAS sind nur möglich, wenn sie über eine entsprechende technische Ausstattung verfügen. Um diese implementierungstaugliche Reife der Innovation zu erlangen, müssen geschützte Räume – Biotope – geschaffen werden, in denen gezielt auf Lösungen hingearbeitet wird, aus denen später ein Markt für die UAS-Logistik entstehen kann. In diesen gilt es auch, einen Katalog mit Mindestanforderungen an die Leistungsqualität zu entwickeln und somit die Standardisierung zu unterstützen. Geschützte Räume sollten auch nach dem Aufbau von UAS-Systemen bestehen bleiben, um weiterhin Forschung und Entwicklung zu ermöglichen.

Diese Biotope, und damit Möglichkeiten zur Überwindung von Markteintrittsbarrieren, können nur durch die aktive Steuerung und Gestaltung des Innovationsprozesses von politischen Entscheidungsträgern geschaffen werden.

13.4   Entwicklung von Geschäftsmodellen

Zielkonzeption

Aus der Investitionsentscheidung für die Herstellung von Produkten der UAS-Dienstleistungslogistik folgt die Notwendigkeit zum Aufbau entsprechender Produktionskapazitäten. Sowohl die operativen wie auch die strategischen Ziele für die Ausrichtung der Leistungserstellung und Aufgabenerfüllung müssen gesetzt werden. Im Rahmen der Umsystemanalyse ist bei der Zielsetzung auf die Interdependenz mit angrenzenden Systemen zu achten, damit neben der Leistungserstellung an sich auch der Einfluss der Unternehmenshandlung auf unmittelbar Betroffene im Zielsystem berücksichtigt wird.

Das in der Abb. 13.4 dargestellte Modell zeigt schematisch die Aufgabenbereiche und Phasen der Unternehmensentwicklung für potenzielle Betreiber von medizinischen UAS. Es ist die Aufgabe künftiger Betreiber, innerhalb der vorgegebenen Rahmenbedingungen Standards zu setzen. So obliegt ihnen die Integration und das Management von Schnittstellen im Aufbau eines UAS-basierten Versorgungsnetzwerkes. Die Übernahme des Dienstleistungsbetriebes ist durch Sicherheitskonzepte hinsichtlich des korrekten Umgangs mit Ansprüchen des Datenschutzes, der Sicherstellung der Flugfähigkeit der UAS und weitere Notfallpläne abzusichern. Hier sollte die Festlegung eines einheitlichen Branchenstandards verfolgt und dessen Akzeptanz, insbesondere durch Zusammenarbeit mit politischen Stakeholdern, gesichert werden.

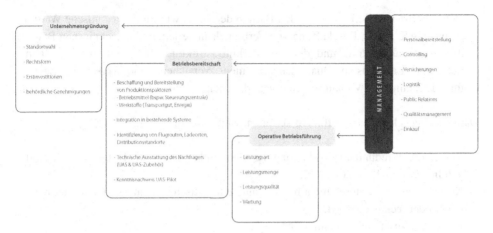

Abb. 13.4 Aufgaben von Betreibern medizinischer UAS. (Quelle: Eigene Abbildung, 2020)

Prozess- und Kostenanalysen
Während die unbekannte Dynamik und Kostenstruktur alter Prozesse, die innoviert werden sollen, zu überwindende Innovationsbarrieren darstellen, lassen sich bereits Aussagen über die Kostenzusammenhänge der Implementierung von UAS-Systemen treffen. Unterschieden werden muss zwischen einmaligen und laufenden Kosten:

Einmalige Kosten:

- *Investitionskosten:* Diese fallen für die erforderlichen Betriebsmittel an, die dem Betrieb langfristig zur Verfügung stehen. Als solche sind bei einer medizinischen UAS die Anschaffung der UAS sowie zugehöriger Infrastruktur, darunter der Port und zusätzliches Equipment wie beispielsweise Kamera, Beleuchtung und Aufbewahrungsbehälter für das Transportgut zu nennen. Weiterhin besteht möglicher Bedarf an Ausbildungssoftware für die Ausbildung von Pilotinnen und Piloten.
- *Sachkosten:* Neben der erforderlichen Flugtechnik entstehen Kosten bei der Einrichtung und Ausstattung des Arbeitsplatzes für UAS-Steuernde bzw. einer Steuerungszentrale. Mit weiteren Kosten ist für Aus- und Fortbildung (Lehrgänge, Unterrichtsmaterialien) und für Gebühren (bspw. behördliche Genehmigungen) zu rechnen. Zudem besteht das Erfordernis eines Qualitätsmanagementsystems: Je nach Anforderung der Nachfragenden wird eine Netzwerkeinrichtung des luftgebundenen Gütertransportes in bestehenden Strukturen notwendig.

Laufende Kosten:

- *Personalkosten:* Diese ergeben sich aus den Gehältern für UAS-Piloten, für erforderliches Fachpersonal an Start- und Zielort der Flugrouten sowie für das Personal in der Verwaltung.

- *Betriebskosten:* Alle Kosten für den Betrieb der UAS, wie für die technische Wartung (bspw. UAS, AED), Beschaffung von Verbrauchsmaterialien, den technischen Betrieb der Steuerungszentrale und der Netzwerkinfrastruktur, Mietkosten für die Räumlichkeiten, Lagerkosten, Qualitätsmanagement, Versicherungen, Werkstoffe, Energie und die redundante Vorhaltung von Sicherheitskapazitäten.

Darüber hinaus kann es zu Effekten kommen, wie:

- Kosten durch redundante Vorhaltung des alten und neuen Systems, bis zur vollständigen Integration der Innovation,
- Kostenremanenzen durch nicht mehr genutzte logistische Kapazitäten, darunter personeller oder technischer Art,
- Kosten für zusätzliche Qualitätssicherung,
- Kosten für rechtliche Auseinandersetzungen.

Die Landschaft medizinischer UAS-Anwendungen in Deutschland ist bisher von Projekten geprägt, die einer künftigen Standardisierung vorausgehen sollen. Es ist davon auszugehen, dass vor der Umsetzung größerer Projekte zur Integration medizinischer UAS in die Versorgung Projektvorläufe auch weiterhin Pilotprojekte und Tests durchgeführt werden. Diese können zur Bewertbarkeit von Investitionen und zur Ermittlung von Preisuntergrenzen beitragen.

Die Steuerung der Innovationsadoption muss künftig so ausgerichtet sein, dass auch bei zunehmender Standardisierung logistischer Prozesse eine dynamische Entwicklung der Geschäftsmodelle möglich bleibt. Dies betrifft neben der technischen Entwicklung auch die Leistungserstellungsprozesse, deren Effizienzsteigerung in jedem zuvor beschriebenen Regelungsgrad medizinischer UAS-Märkte eine wesentliche Stellung einnehmen wird. Damit werden auch nach betriebswirtschaftlichen und medizinischen Vorgaben wachsende Ansprüche an das technische Gerät definiert.

Das Ziel, Synergie- und Skalierungseffekte zu erschließen, sollte unter anderem zu einem Flottenmanagement führen. Dieses umfasst dann die

- Effizienzsteigerung der Wartung,
- Spezialisierung der UAS-Typen,
- Umrüstbarkeit, Einsatzbreite und modulare Zusammensetzung
- Vereinfachung der Steuerung,
- Verbesserung und Standardisierung von Infrastruktur am Boden, bspw. durch Ports,
- Optimierung redundanter Vorhaltung i. S. d. Sicherheitskonzepte,
- Schaffung von Wiedererkennbarkeit.

Die Optimierung bestehender Prozesse beschreibt die Reifung der Betriebsmodelle und bestimmt den Unternehmenserfolg am Markt. Durch Schaffung einer Konkurrenzsituation unter Anbietern könnte der Wettbewerb zugunsten von Patientinnen und Patienten genutzt werden, wenn die Schaffung von Wettbewerbsvorteilen mit der Qualitätssteigerung der zu erbringenden Leistung und dem Setzen von Leistungsstandards einhergeht.

Konzepte zur Preissetzung
Neben der Integration in pauschale medizinische Leistungsvergütungen bieten sich weitere Finanzierungsmechanismen für UAS-Einsätze an. Diese könnten auf den geleisteten Flugminuten, der Zahl (erfolgreicher) Einsätze, der Menge transportierter Güter oder auf Subskriptionsmodellen basieren sowie nach der Einsatzgeschwindigkeit oder der Priorität von Einsätzen differenziert werden. Die Ausgestaltung und Umsetzung verschiedener Finanzierungsmechanismen bedingt unmittelbar die Entstehung von Geschäftsmodellen, die für Betreiber von medizinischen UAS-Lösungen im Rahmen einer Innovationsadoption aufzubauen sind.

13.5   Kommunikationskonzepte für Technologieakzeptanz

Interne Kommunikation
Transparente Kommunikation im Sinne von Public Engagement kann die Voraussetzung für Akzeptanz von UAS in der medizinischen Versorgung schaffen. Einerseits sind Interessensgruppen mit Bezug zur Anwendung zu berücksichtigen. Diese direkt an UAS-Einsätzen Beteiligten sollten zur Sicherstellung der grundsätzlichen Betriebsbereitschaft, wie auch für die jeweilige Einsatzdurchführung, in enger Kommunikation eingebunden sein. Um dies zu erreichen gilt es, Ansprechpartnerinnen und -partner aus verschiedenen beteiligten Organisationsstrukturen zu identifizieren. Dies kann gemäß der in diesem Positionspapier entwickelten Struktur geschehen:

- Aus dem Versorgungssystem sollten Beteiligte aus medizinischer Forschung und Leistungserbringung, jedoch auch auf Seite der öffentlichen Verwaltung in die Kommunikation eingebunden werden.
- Systematische Kommunikation zu Einrichtungen mit Richtlinienkompetenz sollte stets gewahrt werden, um die Rahmenbedingungen zum Betrieb medizinischer UAS praxisnah und zweckmäßig ausgestalten zu können.
- Kontakt zum Hersteller des unbemannten Flugsystems sollte auch während des laufenden Betriebes bestehen.

Grundsätzlich sollte die systematische Kommunikation mit an UAS-Einsätzen direkt Beteiligten folgende Aspekte berücksichtigen:

- Top-Down-Kommunikation mit direkt Betroffenen zur Sicherstellung der Umsetzung.
- Klare Projektplanung mit definierten Meilensteinen und regelmäßigen Statusupdates an die relevanten Stakeholder.
- Frühzeitige Analysen darüber, welche Interessengruppen Einfluss auf den Projekterfolg haben können.

- Ausarbeitung jeweils angepasster Kommunikationsstrategien.
- Single-Point-of-Contact-Ansatz zur Ausgestaltung der Kommunikationskanäle durch Stakeholder.
- Identifikation und aktive Nutzung bestehender Plattformen zum Austausch über die Innovationsprozesse (z. B. Online-Plattformen, Social Media, BMWI-Reallabore, Teststrecken o. Ä.).

Externe Kommunikation

Um die mutmaßliche Innovationsbarriere der mangelnden Bevölkerungsakzeptanz zu überwinden, bedarf es auch der Berücksichtigung von Stakeholdern, die nur indirekt von künftigen UAS-Einsätzen betroffen wären. Darunter fällt insbesondere die Zivilbevölkerung, deren Kenntnisstand und Technologieakzeptanz gegenüber medizinischen UAS möglichst positiv geprägt werden sollte. Zu den Adressaten externer Kommunikation zählen auch mögliche künftige Betreiber sowie Partnerinnen und Partner. Indem Bewusstsein um das Leistungspotenzial und den Nutzen medizinischer UAS geschaffen wird, kann eine strategische Kommunikation auch der perspektivischen Kundengewinnung dienen und zum Abbau von Informationsasymmetrien beitragen.

Externe Kommunikation sollte grundsätzlich die folgenden Eckpunkte berücksichtigen:

- Es bedarf regelmäßiger Veranstaltungen zur Einbeziehung der Bevölkerung im Rahmen eines Public Engagements. Denkbar sind etwa öffentlich zugängliche FAQ und Vor-Ort-Meetings zum Austausch über Bedenken oder Fragen. Mögliche Themen müssen vorab im Projektteam identifiziert und inhaltlich geklärt werden, zudem empfiehlt sich eine Aufzeichnung wesentlicher Determinanten der Technologieakzeptanz in der Bevölkerung zur wissenschaftlichen Auswertung.
- Geplante Einsatzbereiche sollten klar beschrieben und kommuniziert werden. Ziel muss sein, den Nutzen der jeweiligen Innovation für verschiedene Gruppen explizit, jedoch leicht verständlich, zu beschreiben und erklärbar zu machen. Zu adressieren sind dabei insbesondere Aspekte, mit denen die Risikowahrnehmung positiv beeinflusst werden kann.
- Fördernde Kommunikation von Dritten könnte bspw. von Verwaltungsorganen wie auch politischen Akteuren auf kommunaler, Landes- oder Bundesebene erfolgen, um eine positive Wahrnehmung medizinischer UAS zu unterstützen.

Literatur

Projekgruppe BundOnline 2005. (2004). *Public Private Partnership (PPP) Hintergrundwissen*. https://core.ac.uk/download/pdf/71729742.pdf. Zugegriffen am 02.12.2020.

Ergänzende Literatur

Alpha Unmanned Systems. (2020). http://alphaunmannedsystems.com/. Zugegriffen am 02.12.2020.

Bundesamt für Bevölkerungs- und Katastrophenschutzhilfe. (01. Mai 2019). Version 1. *Empfehlungen für Gemeinsame Regelungen zum Einsatz von Drohnen im Bevölkerungsschutz.* https://www.bbk.bund.de/SharedDocs/Downloads/BBK/DE/Publikationen/Broschueren_Flyer/Empfehlungen_Geme_Regelungen_Drohneneinsatz_BevS.pdf?__blob=publicationFile. Zugegriffen am 31.10.2020.

Bundesinstitut für Bevölkerungsforschung. (2017a). *Bevölkerungsdichte in Deutschland nach Kreisen.* https://www.bib.bund.de/Permalink.html?id=10103714. Zugegriffen am 02.12.2020.

Bundesinstitut für Bevölkerungsforschung. (2017b). *Altenquotient in Deutschland (Kreisebene).* https://www.bib.bund.de/Permalink.html?id=10209694. Zugegriffen am 02.12.2020.

Deutscher Wetterdienst. (2016). *Wetterrekorde.* https://www.dwd.de/SharedDocs/broschueren/DE/presse/wetterrekorde.pdf. Zugegriffen am 02.12.2020.

EASA. (2016). *EASA's perspective on Drones.* https://www.easa.europa.eu/newsroom-and-events/news/easas-perspective-drones. Zugegriffen am 22.10.2020.

Europäische Komission. (2019). *Durchführungsverordnung (EU) 2019/947 der Kommission vom 24. Mai 2019 über die Vorschriften und Verfahren für den Betrieb unbemannter Luftfahrzeuge.*

European Comission. (2020). *Annex to EASA Opinion No 01/2020.* https://www.easa.europa.eu/sites/default/files/dfu/Opinion%20No%2001-2020.pdf. Zugegriffen am 02.12.2020.

European Migration Network. (2020). *European Comission.* https://ec.europa.eu/home-affairs/what-we-do/networks/european_migration_network/glossary_search/search-and-rescue-sar-operation_en. Zugegriffen am 02.12.2020.

European Union Aviation Safety Agency. (o. J.). *Draft acceptable means of compliance (AMC) and Guidance Material (GM) to Opinion No 01/2020 on a high-level regulatory framework for the U-space* (Veröffentlichung und Beschluss anstehend). https://www.easa.europa.eu/sites/default/files/dfu/Draft%20AMC%20%26%20GM%20to%20the%20U-space%20Regulation%20—%20for%20info%20only.pdf. Zugegriffen am 06.11.2020.

Statistisches Bundesamt. (2019). https://service.destatis.de/bevoelkerungspyramide/. Zugegriffen am 02.12.2020.

Vietze, G. (2017). *Search and Rescue: Such- und Rettungsdienst der Bundeswehr.* https://www.bundeswehr.de/de/sar-search-and-rescue-such-rettungsdienst-bundeswehr-54066. Zugegriffen am 02.12.2020.

© Der/die Herausgeber bzw. der/die Autor(en), exklusiv lizenziert an Springer Fachmedien Wiesbaden GmbH, ein Teil von Springer Nature 2022
M. Baumgarten et al. (Hrsg.), *Unbemannte Flugsysteme in der medizinischen Versorgung*, https://doi.org/10.1007/978-3-658-35372-8

Printed in the United States
by Baker & Taylor Publisher Services